La vie,
quelle entreprise !

Ouvrages de Robert Barbault

Des baleines, des bactéries et des hommes
Odile Jacob, 1994

Pour que la Terre reste humaine
en collab. avec N. Hulot et D. Bourg
Seuil, 1999
et « Points », n° P830

Biodiversité et changements globaux
en collab. avec B. Chevassus-au-Louis (dir.)
ADPF Publications, 2005

Un éléphant dans un jeu de quilles :
l'homme dans la biodiversité
préface de Nicolas Hulot
Seuil, coll. « Science ouverte », 2006
et « Points sciences », n° 180, 2008

Écologie générale : structure et fonctionnement
de la biosphère
cours et questions de révision, Licence, Capes
Dunod, 2008

Changements climatiques et biodiversité
en collab. avec A. Foucault
Vuibert, 2010

Les Invasions biologiques, une question
de natures et de sociétés
en collab. avec M. Atramentowicz
Quæ, 2010

Robert BARBAULT
Jacques WEBER

La vie, quelle entreprise !

Pour une révolution écologique de l'économie

ÉDITIONS DU SEUIL
25, bd Romain-Rolland, Paris XIVe

ISBN : 978-2-02-103002-0

www.seuil.com

« Les matières premières sont les cadeaux que nous fait la Terre. Cadeaux enfouis ou cadeaux visibles. Cadeaux fossiles, cadeaux miniers qui, un jour, s'épuiseront. Ou cadeaux botaniques que le soleil et l'activité de l'homme, chaque année, renouvellent.

Les matières premières sont des cadeaux qui parlent. Il suffit d'écouter. Elles nous chuchotent toutes sortes d'histoires à l'oreille : il était une fois…, dit le pétrole ; il était une fois…, dit le blé.

Chaque matière première est un univers, avec sa mythologie, sa langue, ses guerres, ses villes, ses habitants : les bons, les méchants et les hauts en couleur. Et chaque matière première, en se racontant, raconte à sa manière la planète. »

Érik Orsenna,
Voyage aux pays du coton, 2006, Fayard.

Avant-propos

Crise économique mondiale, effondrement de la biodiversité : du patrimoine naturel aux réserves bancaires souffle la tourmente… Mais quels rapports entre la rapacité aveugle de la finance et les élégantes hirondelles qui pourraient ne plus nous annoncer le printemps ? Quels liens entre flux monétaires et circulation d'espèces dans les écosystèmes ? Espèces… amusant que l'on puisse désigner par le même mot une liasse de dollars et des rossignols ! Mais il est également vrai qu'un « rossignol » est un instrument pour crocheter les serrures.

Une crise financière vient de battre son plein – et pourrait n'avoir pas dit son dernier mot. On comptait en centaines de milliards d'euros par-ci, milliers de milliards de dollars par-là. Ce qui s'était envolé, ce qui fut rêvé, ce qu'il nous faudra payer. Compagnies d'assurances et banques ayant pignon sur rue se sont effondrées ou affaiblies ; des gouvernements, après avoir dissimulé tant bien que mal leurs sentiments d'incompréhension, d'impuissance, voire de panique, ont réagi, c'est-à-dire mobilisé beaucoup d'argent pour sauver les meubles. Des entreprises, petites et grandes, ont été emportées dans une tourmente sans précédent depuis celle de 1929 et qui dure. Certaines disparaissent, d'autres perdent pied et le chômage monte en flèche. Les États sont à leur tour fragilisés par les assauts des banques qu'ils venaient de sauver… Bref, une crise économique et sociale majeure sévit, de l'Est à l'Ouest et du Nord au Sud.

Alors, dans ce contexte, parler de nature, du potentiel de richesse que représente la biodiversité, peut passer pour de l'inconscience ou de la provocation. Pourquoi perdre son temps avec des histoires de petites fleurs et de chants d'oiseaux ? Rêves de poètes ou de naturalistes à côté de leurs pompes ! Eh bien, ce sont plutôt les responsables des systèmes financiers du monde qui furent et sont à côté de leurs pompes, enivrés par leur appétit du gain, entraînés dans des jeux sans fin et sans fonds, empochant les bénéfices et laissant aux peuples dettes et déficits. « Privatisation des profits, et socialisation des pertes », telle est la devise des *managers* néolibéraux. Et n'ont-ils pas raison, quand les gouvernements laissent faire, quand les contribuables viennent à leur secours et qu'ils reconstituent bien vite leurs bonus et parachutes dorés ? Qui a perdu le contact avec la réalité, les poètes de la biodiversité ou les prédateurs de la finance, œil collé aux cours de la Bourse ? Ne sommes-nous pas tous assis sur le capital naturel, ses produits et services ?

Érik Orsenna nous le rappelle joliment dans l'introduction de son remarquable *Voyage aux pays du coton* : l'édifice humain tout entier repose sur la Nature, dont la biodiversité est l'un des visages. Notre propos est précisément de montrer la biodiversité comme l'entreprise planétaire qu'elle est. Une entreprise qui s'est construite, perfectionnée et qui fonctionne depuis près de 4 milliards d'années : n'est-ce pas le paradigme même de ce développement « durable » que l'on nous rabâche comme une incantation et auquel on ne réfléchit guère de façon critique tant cela nous coûte de remettre réellement en cause notre mode de développement actuel, qui n'est pas durable – tout le monde ne l'a-t-il pas admis ? Une entreprise qui gère ses matières premières, ses *inputs* et *outputs* à l'échelle planétaire, en s'appuyant sur l'interdépendance de ses éléments – humains y compris – à toutes les échelles de taille, d'espace, de temps. Une entreprise qui maîtrise de longue date l'énergie solaire (photosynthèse) ainsi que l'énergie bio-chimique, à l'exemple des raies, des lucioles et de nombre d'animaux des grands fonds marins. Une entreprise qui recycle intégralement ses déchets, les déchets des uns étant la nourriture des autres. Une entreprise hautement adaptative dans l'espace et le temps, conçue pour tirer parti des caractéristiques du monde réel : instabilité, variabilité, changement. Elle se déploie aussi bien dans des mondes sans lumière, dans les abysses océaniques, qu'au sommet des montagnes, dans les glaces polaires ou dans les déserts les plus arides.

Elle a donc beaucoup à nous apprendre, cette biodiversité, aux gouvernements sans boussole, aux gonfleurs de bulles financières comme à leurs victimes, c'est-à-dire nous tous. Car la question qui se pose au monde est bien celle d'une *biosphère durable*, pour reprendre l'intitulé d'un texte novateur de l'Ecological Society of America qui date de 1991 et signé par Jane Lubchenco[1], aujourd'hui conseillère scientifique pour l'écologie dans le gouvernement Obama.

Le champ est vaste. Mais c'est seulement en considérant la biosphère entière, un monde vivant ouvert sur celui des hommes et de leurs avatars, que nous pourrons espérer comprendre d'où nous venons et ce qui nous arrive ; comprendre qu'à ne rien changer nous risquons d'être entraînés au pire ; comprendre, enfin, comment il est possible de redresser la barre. Car «*pour affronter positivement l'avenir, il faut, d'abord, mieux déchiffrer le monde qui nous entoure et mieux percevoir comment il change*», nous rappellent les économistes Joseph Stiglitz, Amartya Sen et Jean-Paul Fitoussi, dans un rapport commandé par le président de la République[2]. Bref, retrouver une boussole !

Tel est l'objectif ambitieux de ce livre. Pour s'en approcher, il fallait nécessairement, en s'appuyant sur les travaux de nombreux collègues, allier les regards de l'écologie et de l'économie, les compétences du naturaliste et celles de l'anthropologue. Approfondir le champ *ensemble* pour construire une vision partagée et non juxtaposer deux discours étrangers l'un à l'autre. C'est ainsi que nous souhaitons entraîner le lecteur à la découverte de la puissance et des fragilités du monde vivant, aimant et pensant qui est le nôtre.

Ce voyage se déroulera en trois temps et sept étapes.

D'abord, *le temps de la machine vivante planétaire,* consacré à en saisir le fonctionnement : découverte rapide de la biodiversité, appréhendée ici comme entreprise globale, tissu vivant de la Terre, biosphère (chap. 1) ; familiarisation avec son organisation en réseau, point trop souvent négligé mais néanmoins crucial, puisque c'est par cette propriété de la biodiversité que nous nous y enracinons et en profitons, que nous trouvons notre identité planétaire – que nous la comprenons vraiment (chap. 2) ; sensibilisation à la crise qu'elle traverse – ou plutôt que nous traversons –, symptôme du pillage sans vergogne que nous lui faisons subir et des menaces écologiques, économiques et sociales qui en résultent (chap. 3).

Puis, en un deuxième temps, au cours des étapes 4 et 5, s'affirmera une transition essentielle, déjà lisible dans ce qui précède. On pourrait l'appeler *le temps des humains*, celui de l'impressionnante appropriation du monde que nous avons accomplie (chap. 4), somme toute en peu de temps, grâce à la révolution néolithique puis techno-industrielle ; et son revers : aurions-nous laissé l'humain en chemin dans cet étourdissant succès ? Le chapitre 5 montrera que les jeux ne sont pas faits… Transition où l'« agri-culture », pour reprendre l'expression de l'économiste britannique Jules Pretty[3], nous servira de médiateur – fil conducteur tout au long de l'ouvrage car interface riche et féconde entre le monde de la nature d'où nous croyons être sortis et le nôtre, celui que, petit à petit, nous réduisons inconsidérément à l'économie financière.

Ainsi s'ouvre le troisième temps, celui de la prise de conscience, du redressement de perspective ; temps de l'action, avec en leitmotiv ce double mot d'ordre : changements et solidarités. On l'appellera *le temps de l'écologie* – la vraie, une écologie globale marquée par une vision du monde débarrassée des masques trop longtemps imposés par le politiquement correct, un soi-disant réalisme à courte vue, l'interdit de rêver. Voilà pourquoi sans doute, de sommet planétaire en conférence mondiale, de Stockholm 1972 à Rio 1992, de Johannesburg 2002 à Copenhague 2009, on a l'impression que rien ne peut vraiment changer. À qui profite le crime ? À cette oligarchie, ces riches dont Hervé Kempf raconte « comment [ils] détruisent la planète[4] » ?

N'attendez pas là de solutions ou recettes toutes faites, clés en main, mais un renouvellement de perspective, un élargissement des points de vue, une réhabilitation de l'imagination créatrice des hommes – bref, d'autres façons de poser des questions qui ne sont pas neuves. Et c'est alors que les solutions prendront forme, se forgeront collectivement, dans un contexte de démocratie partagée. Là encore, le champ fécond *des* agricultures nous servira de cadre et de terreau. On verra que notre avenir était déjà présent dans ces « hiers » bafoués, méprisés, ignorés ; car il est dans l'humain et seulement dans l'humain – lequel n'est pas né d'hier : notre avenir a de l'âge ! On découvrira aussi que, pour changer vraiment, efficacement, il faut renouer avec la nature – et que cela ne veut pas dire cultiver le passé (chap. 6). Au contraire, nous sommes appelés à changer d'ère (chap. 7) et nous esquisserons quelques-unes des voies qui s'ouvrent à nous, toutes ancrées dans le riche patrimoine qu'on appelle tantôt « nature », tantôt « biodiversité » ou encore « biosphère » – mais un patrimoine auquel nous contribuons aussi, en en faisant partie. Un rêve de solidarité écologique ?

1. La biodiversité, première entreprise de la planète

> « Sans le saule, comment connaître la beauté du vent ? »
>
> Lao She.

Il est habituel, et normal, de *voir* la biodiversité, la diversité du vivant, à partir de la profusion de plantes et d'animaux qui peuplent la Terre. C'est ce que les définitions classiques rappellent à juste titre, en soulignant ses trois composantes, ses trois niveaux constitutifs : la diversité infra-spécifique, propre à chaque espèce ; la richesse spécifique, qui se décline en 1,8 million d'espèces identifiées, quelques dizaines de millions à découvrir et des centaines ou milliers de millions déjà éteintes depuis l'origine des temps vivants (en mélangeant gaillardement microbes et séquoias, insectes et mammifères, vils agents pathogènes et honorables australopithèques nos ancêtres) ; et enfin la diversité écologique, qu'on l'appréhende en termes de fonctions écologiques (diversité des modalités d'être, insectivore ou phytophage, fixateur d'azote ou décomposeur de cellulose, fabriquant de calcaire ou bâtisseur de maisons, etc.) ou d'écosystèmes.

Dans le cadre de cet ouvrage nous vous proposons une autre définition, plus saisissante et plus concrète : la biodiversité c'est le tissu vivant de la planète, le capital naturel de nos territoires, de nos pays – de notre monde. C'est-à-dire une multitude d'interactions entre organismes vivants dans des milieux en changement. Et l'on ajoutera : nous en faisons partie. Ce disant, nous faisons donc de la Vie, ce phénomène apparu sur *notre* planète il y a près de 4 milliards d'années, l'objet même de notre attention et de nos propos. Le vivant a envahi toute la Terre, dans ses moindres recoins – y compris les replis de nos intestins où prospèrent, pour notre plus grand bien, quelques centaines d'espèces de microbes. Et il en a profondément transformé la physionomie et le fonctionnement de surface, jusqu'à changer complètement la composition chimique de son atmosphère : à la différence de Mars ou Vénus où domine le gaz carbonique (95 %), la Terre affiche ses 78 % d'azote et 21 % d'oxygène – le gaz carbonique ne s'y rencontrant qu'à l'état de traces. Parce que la Vie y est intervenue : la photosynthèse des cyanobactéries puis des végétaux a contribué à fixer du gaz carbonique et à relâcher des quantités massives d'oxygène, tandis que les coquilles en carbonate de calcium fabriquées par certaines algues et beaucoup d'animaux s'accumulaient au fond des mers, y piégeant l'essentiel du gaz carbonique et contribuant ainsi à la formation des roches calcaires. Qui parle encore avec mépris des petites fleurs et des chants d'oiseaux ?

Bien sûr, ce qui caractérise ce tissu vivant, c'est d'abord sa diversité. D'où ce nom de biodiversité qui date de la fin de la décennie 1980. Mais que l'idée de diversité, que la profusion des êtres et des formes, ne nous fassent pas perdre de vue l'essentiel, résumé ici en huit points : sur Terre, la biodiversité est partout ; c'est une affaire qui s'inscrit sur des milliards d'années ; chaque forme, chaque espèce est un prodige, une collection d'inventions pour se nourrir, survivre et coopérer, se multiplier et durer jusqu'à plusieurs millions d'années ; le moteur de cette profusion réside dans le jeu des interactions qui se nouent entre tous ces êtres vivants ; ce réseau d'interactions s'inscrit dans des espaces, des territoires, où aujourd'hui nous vivons ; toutes ces vies se déroulent dans un monde qui ne connaît que le changement auquel elles contribuent par leur seule existence – vivre, c'est changer et faire changer ; pour le vivant la diversité est une stratégie d'adaptation aux changements, une assurance sur l'avenir ; enfin, ce système fonctionne, produit, recycle – bref, il s'agit d'une véritable entreprise… dont l'activité des nôtres dépend.

La vie est partout

La biodiversité ne se réduit pas aux espèces phares, panda géant, tigre de Sibérie ou baleine à bosse, ni aux grands espaces tropicaux type savane de l'Est africain ou forêt amazonienne : la vie est partout, visible ou invisible, et avec elle, de la diversité !

Partout et surabondantes, quoique invisibles, des bactéries. Prenez une pincée de terre, n'importe où : savez-vous que vous tenez dans vos doigts entre 10000 et 50000 espèces de bactéries ? Longtemps ce petit monde invisible est resté ignoré, parce que la majeure partie n'en était pas cultivable, c'est-à-dire accessible à l'analyse et à l'identification. En 1990, une première estimation basée sur la discrimination de l'ADN d'un sol a donné le chiffre moyen de 4000 génomes bactériens différents par gramme de sol. Des travaux ultérieurs ont montré que cette richesse était un caractère général des sols, enregistrant même le record de 830000 espèces par gramme[1]. À noter que c'est bien d'espèces et du *nombre d'espèces* qu'on parle ici et non d'individus. Ceux-ci sont évidemment immensément plus nombreux que les chiffres avancés... mais trop difficiles à quantifier.

En fait, la terre des sols de nos cultures ou de nos forêts représente un univers complexe, un zoo des plus incroyables. Constituée à partir de la roche sous l'action du climat et surtout d'une multitude d'organismes, elle résulte de milliers d'années d'évolution. Ainsi, sous l'empreinte de votre semelle laissée sur un sol forestier vivent de l'ordre de 2 à 3 millions d'organismes unicellulaires, 2000 à 5000 micro-arthropodes (collemboles, acariens), 20000 vers nématodes, une dizaine de larves d'insectes, quelques vers de terre, une araignée, un cloporte et un mollusque[2].

Partout, même là où ça paraissait impossible – impossible à vivre, s'entend. De la vie dans les geysers et sources bouillantes du parc de Yellowstone, dans l'Ouest des États-Unis ? Certes, il a fallu attendre 1967 pour que le biologiste Thomas Brock y identifie une bactérie, *Thermus aquaticus*, encore capable de se multiplier à 78 °C. Cinq ans plus tard, il décrit *Sulfilobus acidocaldarius* : son nom signe ses exploits, puisque cette bactérie nouvelle pour la science est capable de se développer jusqu'à 85 °C, pourvu que son milieu soit acide et riche en soufre ! Comme nous le raconte fort bien Patrick Forterre[3], ces « microbes de l'enfer » ne furent que les premières des bactéries extrémophiles (leur nom dit bien où est leur vice) découvertes par les chercheurs : bien d'autres ont été trouvées depuis, telles, en milieu océanographique profond, des espèces capables de vivre à 120 °C. Comment ne pas évoquer les peuplements extraordinaires découverts à la fin des années 1970 à proximité immédiate des « fumeurs noirs », ces cheminées qui crachent un fluide à haute température (350 à 400 °C) le long des dorsales océaniques, à quelque 2 000 à 3 000 mètres de profondeur[4] ? Il s'agit là d'un véritable écosystème abyssal, alimenté par les détritus qui y tombent et fonctionnant grâce à l'aptitude à oxyder les sulfures développée par des auxiliaires bactériens. Installées dans les tissus spécialisés des grands vers vermentifères qui peuplent cet écosystème, des bactéries les font profiter de ce que l'on appelle une « chimiosynthèse » : alimentées en oxygène, dioxyde de carbone et sulfure d'hydrogène par la circulation sanguine du ver, elles se développent, fabriquent et libèrent des molécules organiques qui nourrissent le ver. Ainsi, la chimiosynthèse par oxydation des sulfures remplace, dans ce monde abyssal totalement obscur, la photosynthèse impossible faute d'énergie solaire (et donc de plantes vertes).

De la vie sauvage au cœur des grandes villes d'Europe ! Demandez aux mésanges charbonnières qui, à Londres, sur le perron des maisons, décapsulent les bouteilles de lait après le passage du laitier pour se repaître de la crème… ou aux renards qui, à la nuit tombée, font la tournée des poubelles. Prenons le cas de Paris. Certes, les sangliers ne remontent pas encore l'avenue des Champs-Élysées – pas encore. Mais les spécialistes ont répertorié dans notre capitale pas moins de 166 espèces d'oiseaux, dont 51 s'y reproduisant ! Savez-vous que le faucon crécerelle niche sur les tours de Notre-Dame ? Et avec les oiseaux, tous leurs parasites et bien d'autres espèces encore : 32 espèces de mammifères (le renard a été vu dans le jardin du Luxembourg et une fouine avait même élu domicile dans les combles du Palais-

Bourbon... Quant aux rats et souris, qui n'en a surpris ici ou là, dans les galeries du métro par exemple) ; 3 espèces de reptiles ; 9 espèces d'amphibiens – tritons, crapauds ou grenouilles (le gentil crapaud accoucheur, dont le mâle porte les œufs sur son dos, et le futé renard fréquentent le Jardin des Plantes !) ; 36 espèces de poissons ; plus de mille espèces d'insectes, araignées, mollusques ou crustacés ; 761 espèces de plantes supérieures et quelque 400 espèces de végétaux inférieurs (algues, mousses, lichens, champignons). Oui, les grandes villes sont doublement vivantes, triplement devrions-nous dire, avec leurs actives populations d'*Homo sapiens* et les nombreuses populations d'animaux de compagnie qu'ils y ont introduites et, enfin, une riche nature « sauvage ». Au point, par exemple, qu'il a été possible de publier un *Atlas de la nature à Paris* de 288 pages[5].

De la vie aussi, on l'a déjà dit, dans le tube digestif de tous les animaux évoqués à l'instant à propos de la faune parisienne – et donc dans nos propres intestins. À ce propos on devrait plutôt parler d'écosystème intestinal, car ce riche peuplement de quelque mille espèces de microbes (de l'ordre de 150 en chacun de nous), qui rassemblent 10^{14} cellules, c'est-à-dire cent mille milliards de bactéries (à comparer avec nos 10^{13} cellules corporelles... soit dix fois moins – mais nos cellules sont dix mille fois plus volumineuses), fonctionne avec nous pour notre plus grand bien.

Quant aux déserts, le contraire de la vie presque par définition, il faut ne pas les connaître pour croire que la vie, et parfois une vie riche et intense, n'y a pas pénétré. De nombreuses espèces, appartenant à des groupes très différents de plantes et d'animaux – et bien sûr de microbes –, se sont adaptées aux conditions de vie particulières de ces écosystèmes où l'eau est rare. Ainsi, dans de nombreux déserts côtiers, Atacama au Chili ou Namib dans le Sud-Ouest de l'Afrique, il ne pleut jamais. Cela pose un sérieux problème pour l'alimentation en eau des populations humaines qui y vivent. Pourtant, des animaux et des plantes ont su s'y adapter et, de ce point de vue, le Namib, le plus ancien désert du monde, est exemplaire. Il ne pleut pas, mais l'eau est présente sous forme de brouillards parfois denses et assez fréquents. Un coléoptère de ce désert, du genre *Stenocara*, parvient à collecter cette eau : faisant face au vent il utilise les reliefs de ses ailes pour fixer les gouttelettes, lesquelles s'écoulent ensuite dans des sillons conduisant à la bouche de l'insecte. En s'inspirant de ce mécanisme, Andrew Parker, de l'université d'Oxford, et Chris Lawrence, de QuinetiQ, ont pu concevoir des matériaux simples et peu onéreux, mais efficaces, pour mieux alimenter en eau les paysans du Chili[6]. Anecdotique, cette histoire ? Que non : des chercheurs de l'IRD (Institut de recherche pour le développement) avaient déjà montré le rôle et l'utilisation humaine des cactus de l'Atacama, ainsi que des arbres à brouillards aux Canaries et au Yémen, pièges à eau diffuse fort précieux. Quant aux froids extrêmes, chacun sait qu'ils ont réussi aux manchots. S'ils y survivent avec succès, parfois à des froids de - 50 °C et sous des vents souvent très supérieurs à 100 km/h, c'est grâce à des adaptations physiologiques, morphologiques et comportementales particulièrement remarquables, et à la capacité à rechercher leur nourriture loin en mer… et à la conserver – on y reviendra.

Une affaire de milliards d'années

La biodiversité a une histoire, comme chacun d'entre nous. À ceci près que, dans celle-là, les jours durent des milliers d'années, les années des millions d'années. Bref, c'est une tout autre affaire, puisqu'il y a 3,8 milliards d'années que ça dure. En d'autres termes, avec le vivant, nous sommes confrontés à des échelles de temps qui nous dépassent. Si l'on veut comprendre la biodiversité, sa nature, sa dynamique et ses enjeux, il nous faut avoir ce regard, cette attention… et le respect auquel elle nous invite.

Depuis son apparition sous forme de molécules organiques capables d'autoréplication, précurseurs des ADN actuels, le vivant n'a cessé de se diversifier, colonisant les océans, puis plus tard les terres et milieux d'eau douce pour constituer les réseaux d'êtres vivants et écosystèmes complexes que nous connaissons aujourd'hui. Mais que de temps il a fallu pour que s'accomplissent toutes ces « révolutions », suite à des inventions décisives, que les évolutionnistes John Maynard Smith et Eörs Szathmáry (1997) ont appelées les huit *transitions majeures*[7]. Ces transitions marquent des sortes de sauts évolutifs, l'accès à des types d'organisation plus complexes – après de longues phases d'« encéphalogrammes plats », c'est-à-dire d'inertie. Ces changements majeurs, qui demandèrent le franchissement d'obstacles difficiles, sont le fruit de véritables inventions dans l'organisation du vivant. Des huit transitions identifiées par Maynard Smith et Szathmáry, deux se produisirent à plusieurs reprises dans la longue histoire de la Vie. Il s'agit de l'apparition des organismes multicellulaires, qui s'est produite à trois reprises, et celle des colonies animales présentant des castes d'individus stériles, qui est survenue de nombreuses fois. Mais que six transitions aient été uniques, comme d'ailleurs l'origine de la vie elle-même, traduit la hauteur de l'exploit. La plupart sont le fruit d'une association, d'un mariage indissoluble : des entités, antérieurement capables de réplication indépendante, ne peuvent plus après la transition se répliquer qu'en tant qu'éléments d'un système plus vaste. C'est le cas de la symbiose eucaryote (voir encadré) comme de l'apparition des organismes multicellulaires ou des espèces sociales.

Une symbiose créatrice, la cellule eucaryote

À la différence des bactéries, qui sont des procaryotes, êtres unicellulaires dépourvus de noyau (le chromosome bactérien flotte librement, et seul, dans le cytoplasme), les organismes dits eucaryotes, de l'amibe unicellulaire à l'homme, sont dotés de cellules à noyau central bien individualisé, renfermant les chromosomes, et séparé du cytoplasme par une double membrane. Les cellules eucaryotes sont beaucoup plus grandes que les procaryotes, leur volume en étant environ 10000 fois supérieur. Outre la taille et la présence du noyau, les cellules eucaryotes se distinguent des cellules procaryotes par la présence d'organites, mitochondries et chloroplastes (ces derniers seulement chez les algues et les plantes). Les premières jouent un rôle essentiel dans le métabolisme énergétique cellulaire. Elles sont délimitées par deux membranes, possèdent leur propre ADN et se multiplient par division binaire comme de véritables cellules. Et il en est de même des chloroplastes, qui synthétisent des composés organiques à partir d'éléments minéraux grâce à l'énergie lumineuse qu'ils captent à l'aide de pigments photosynthétiques, dont la chlorophylle est le plus connu. Bref, ces organites ont tous les atouts d'êtres vivants à part entière. Il n'est donc nullement étonnant que l'observation de leur structure et de leur mode de reproduction ait amené certains chercheurs, il y a près d'un siècle, à suggérer que ces organites descendraient de bactéries autrefois autonomes. Mais c'est la microbiologiste américaine Lynn Margulis qui a accumulé le plus d'arguments en faveur de l'origine « étrangère » des mitochondries et des chloroplastes, jusqu'à ce que les analyses comparées de l'ADN des bactéries et celui des organites des cellules eucaryotes apportent la preuve définitive que nos cellules résultent bien d'une association mutualiste – c'est-à-dire à bénéfices réciproques – qui remonterait à 2 milliards d'années environ. Ainsi, à l'origine de cette révolution biologique majeure, on aurait eu l'invasion de cellules vivantes par des bactéries parasites. L'association est aussitôt devenue durable, puisque ces dernières n'avaient plus qu'à se diviser en même temps que la cellule hôte pour se transmettre indéfiniment. Ce fut là une symbiose définitive[8].

Fruit de l'association intime et définitive d'organismes d'espèces différentes – une symbiose multiple –, l'apparition de la cellule eucaryote dans l'évolution de la vie, il y a quelque 2 milliards d'années, a préparé la voie à l'émergence des organismes pluricellulaires, plantes et animaux. C'est la quatrième transition majeure de Maynard Smith et Szathmáry, qui ouvre un nouvel espace à la vie et à sa diversification, après le monde en apparence trop simple des procaryotes.

Quant aux organismes pluricellulaires eux-mêmes, rendus possibles par cette invention de la cellule eucaryote, ils n'apparurent qu'il y a moins d'un milliard d'années, au terme de 3 milliards d'années d'évolution « silencieuse », c'est-à-dire n'ayant laissé que peu de traces, une évolution faite de bactéries et d'êtres unicellulaires néanmoins fort importants pour la préparation de « notre » monde – nous avons déjà évoqué la fabrication de l'atmosphère et des calcaires.

Une vraie révolution que cette sixième transition majeure – la construction d'êtres multicellulaires – qui se traduit très vite (tout est relatif !) par un véritable feu d'artifice d'inventions structurelles : l'évolution crée et expérimente les grands types d'organisation corporelle adoptés par ces animaux pluricellulaires que sont les métazoaires. C'est ce que les paléontologues ont appelé l'« explosion cambrienne ». Parce qu'elle a marqué cette époque géologique, le Cambrien, il y a 570 millions d'années. Jusqu'à 100 types d'organisation, de phylums animaux, apparaissent. Mais il n'en subsiste que 32 aujourd'hui – vertébrés, arthropodes, mollusques, vers annélides, vers plats, échinodermes, etc.

Quant aux plantes vasculaires terrestres, elles apparaissent à la fin de l'Ordovicien (505 millions d'années) ou au début du Silurien (438 millions d'années) et se multiplient au Dévonien (408 millions d'années), quand évoluent les plantes à graines. Les flores terrestres qui se constituent sont successivement dominées par les ptéridophytes (les fougères), par les gymnospermes (les conifères), puis par les angiospermes (plantes à fleurs) qui font leur apparition au Crétacé, il y a 144 millions d'années.

Et les humains dans tout ça ? Là, nous sommes avant-hier sinon hier ! Si les ancêtres des hommes d'aujourd'hui et leur séparation d'avec les autres anthropoïdes « restés » singes ordinaires nous font remonter à quelque 6 à 7 millions d'années (le fameux Toumaï découvert au Tchad par l'équipe franco-tchadienne de Michel Brunet ou son jeune « concurrent » Orrorin du Kenya – mais la concurrence est ici plutôt entre paléo-anthropologues !), notre genre *Homo* n'a que 2,5 millions d'années et notre espèce *Homo sapiens* quelque 200 000 ans. Une bien jeune espèce – ça explique ses folies ! Et son ignorance de tout ce qu'elle doit à la « Nature » comme le montre l'exemple suivant :

Construire le viaduc de Millau : quelques mois et deux milliards d'années

Le viaduc de Millau, célébré comme une merveille de l'ingéniosité humaine, illustre le rôle du temps dans la formation des « services » fournis par la biodiversité. C'est en effet l'action des êtres vivants au cours de trois grandes périodes géologiques qui a produit les matières premières nécessaires à cet ouvrage :

– il y a 2,3 milliards d'années, des algues bleues (cyanobactéries) ont commencé à produire de l'oxygène au sein de l'océan primitif. Cet oxygène a oxydé le fer dissous et ces oxydes se sont déposés pour créer les gisements à l'origine de l'acier d'aujourd'hui.

– il y a 300 millions d'années, c'est la biodiversité végétale de l'époque carbonifère qui, en captant le gaz carbonique, a produit l'essentiel de nos ressources en charbon. Il en est de même de notre pétrole – qui date d'environ 100 millions d'années – et cette énergie a été abondamment utilisée pour construire le viaduc.

– enfin, il y a 150 millions d'années, d'innombrables algues microscopiques à coque calcaire ont formé en s'accumulant les sédiments que l'on exploite aujourd'hui dans les carrières pour produire le ciment

S'il a été construit en seulement quelques dizaines de mois, le viaduc de Millau a donc bénéficié de millions d'années d'activité de la biodiversité[9].

La vie a besoin de place

La vie s'est développée partout, des glaces polaires aux sources hydrothermales des grands fonds marins. Présente partout, mais différente partout : c'est la diversité des conditions de vie qui a abouti à la diversité des espèces de notre planète.

Le besoin d'espace est propre à chaque être vivant : la survie des espèces, des populations qu'elles constituent, dépend étroitement de l'étendue des milieux qu'elles occupent. Que ceux-ci s'amenuisent, parce que l'on brûle ou déboise pour étendre nos cultures ou alimenter nos voitures, parce que le tsunami est passé qui a balayé tout sur son passage ou parce que le réchauffement climatique aujourd'hui ou la glaciation hier font leur œuvre, et les espèces qui y vivent étroitement adaptées voient leurs populations se réduire. Or, des populations à faibles effectifs sont des populations menacées d'extinction : la première épidémie, le moindre excès météorologique, un passage de prédateurs ou de parasites surdoués, et les derniers individus survivants sont emportés. Quand ce n'est pas la simple « dépression » de l'isolement, qui frappe des individus privés de stimulations sociales ou des bénéfices qu'apportent de fortes interactions sociales (accès facilité à la nourriture, meilleure défense vis-à-vis des prédateurs...). C'est ce que les écologues appellent effet Allee, du nom du chercheur qui a décelé ce phénomène de chute du taux d'accroissement des populations lorsque celles-ci régressent au-dessous d'un seuil minimal de densité.

L'écologie et la biogéographie ont depuis longtemps démontré que la richesse des faunes et des flores, richesse en espèces s'entend, dépendait étroitement de l'étendue des milieux habités. Au point que l'on parle de la loi aire-espèces, qui définit la relation mathématique qui existe entre la richesse spécifique d'un peuplement S et l'aire A occupée par celui-ci : $S = cA^{Z}$[10].

Oui, la vie a besoin d'espace et toutes les espèces sont concernées. La nôtre aussi. Tout le drame que représente la crise d'extinction en masse des espèces dans laquelle nous sommes entrés (notamment depuis nos succès agricoles et industriels) s'enracine dans cette réalité implacable. Nous avons tellement besoin d'espace pour nos cultures, nos villes, nos routes et la satisfaction de tous nos besoins en ressources, renouvelables ou non, que nous en privons impitoyablement beaucoup d'autres espèces et en premier lieu celles qui ont aussi besoin de beaucoup d'espace, parce que de grande taille – grands carnivores, grands herbivores.

Affronter les changements

Vivre, durer : il faut le faire. Ça n'a rien d'évident. Que vous soyez manchot empereur en terre Adélie, paramécie dans la première mare venue ou girafe au nord du Cameroun, pour vivre, pour durer de génération en génération, vous devrez affronter le changement. Tirer profit des changements, qu'il s'agisse de transitions légères ou de ruptures, voire de catastrophes. La vie n'est un long fleuve tranquille pour aucune espèce, ni loup ni mouton, ni herbe ni arbre. Chacune doit affronter le manque, l'excès, l'imprévu, l'accident. Alors réussir ça sur des millions voire des dizaines de millions d'années, chapeau ! Car l'adversité est abondante, du prédateur féroce à la proie astucieuse, des imprévus climatiques aux éruptions volcaniques, des incendies aux raz-de-marée. Pour réussir dans un tel contexte, deux recettes complémentaires doivent être mises en œuvre : jouer l'expansion, en nombre et en occupation d'espace, et miser sur la diversité, stratégie d'adaptation au changement. C'est ce que la sélection naturelle a imposé au vivant. C'est ce que l'évolution a retenu.

En occupant de vastes espaces, vous pouvez entretenir une population nombreuse, ce qui est un atout majeur face aux aléas, tout en répartissant les risques. Cela demande aussi une capacité de diversification, et donc va de pair avec l'autre atout majeur du succès, la diversité. En effet, l'espèce qui occupe une vaste aire géographique présente des différences qui marquent son adaptation à des conditions différentes : songez à l'espèce humaine et à la diversité de ses populations des pôles à l'équateur.

Il est clair qu'il s'agit ici de la diversité interne à chaque espèce, à chaque population – la source même de toute diversité biologique. Ses vertus étaient bien connues des agriculteurs et des éleveurs qui surent la cultiver, l'entretenir et la développer en fonction de leurs besoins spécifiques et des conditions locales. Lorsque ce savoir a commencé à se perdre, particulièrement avec l'industrialisation de l'agriculture, les rappels à l'ordre furent implacables. La mise en culture dans les années 1960 de variétés dites « supérieures » de céréales sur de vastes étendues exposait celles-ci, rendues vulnérables par leur homogénéité génétique et leur uniformité spatiale, aux agents pathogènes et autres ravageurs à potentiel de multiplication phénoménal et capacité d'évolution rapide. Ainsi, tandis que les pratiques de croisement avaient réduit 85 % du maïs cultivé aux États-Unis à une presque totale homogénéité génétique, la rouille fit une apparition foudroyante en 1970 et l'épidémie provoqua des dégâts considérables. En 1980, pour des raisons similaires, 90 % de la récolte cubaine de tabac fut détruite par le mildiou.

Plus récemment, en Chine, Zhu et ses collègues ont démontré qu'en cultivant un mélange de variétés de riz on pouvait libérer les riziculteurs de l'asservissement aux pesticides. Une maladie cryptogamique, la flétrissure du riz, faisait des ravages, et le recours aux traitements fongicides était nécessaire – mais coûteux. En mélangeant une variété traditionnelle, résistante au champignon mais moins productive, à d'autres variétés, Zhu et ses collègues ont fait la preuve que l'on pouvait produire autant voire davantage et mieux (la diversité apportant des qualités nutritionnelles plus riches) sans traitement fongicide. Et ce ne fut pas pure théorie ou expérimentation gratuite : commencée en 1998 sur 812 hectares, l'expérience fut étendue en 1999 à 3 342 ha, puis son succès conduisit les paysans à adopter cette pratique dans toute la région du Yunnan : 40 000 ha en 2000, 10 millions en 2005 ! L'explication écologique de ce succès est assez complexe. Tout d'abord la présence de plusieurs variétés en mélange offre une barrière physique à la dispersion des spores du champignon. De plus, il existe un processus d'immunisation entre plantes mélangées : lorsqu'une forme de pathogène incapable d'infecter une plante dotée de la résistance adéquate tente malgré tout de le faire, elle active des mécanismes de défense qui vont préparer celle-ci à résister avec succès à d'autres formes du pathogène qui, elles, auraient pu l'affecter. Enfin, la complexité structurale et génétique de la culture en mélange ralentit l'évolution et l'adaptation des agents pathogènes.

La diversité est bien une stratégie d'adaptation aux changements. C'est à elle que les espèces, toutes les espèces – microbes, plantes ou animaux – doivent leur longévité : des millions d'années, en dépit de millions d'épreuves à surmonter. À l'inverse des sociétés humaines, la vie a la mémoire longue !

Les espèces, des portefeuilles d'innovations

Arrêtons-nous un moment sur ces unités fondamentales de la biodiversité que sont les espèces : la douve du foie, l'éléphant d'Asie ou *Homo sapiens*. Ce sont des ensembles d'individus que les spécialistes, les systématiciens, définissent à partir de critères de ressemblance, de parenté génétique et de la capacité à des croisements féconds. Les chevaux, qui donnent naissance à d'autres chevaux, comme les ânes, qui donnent naissance à d'autres ânes, sont des espèces. Des espèces proches, apparentées et que l'ingénieux *Homo sapiens* sait faire se reproduire, mais les produits bâtards, mules et bardots, sont généralement stériles.

Les espèces durent quelques millions d'années, en moyenne. C'est dire qu'elles sont douées : songez à tous les problèmes que ces êtres sans cervelle (les plantes) ou guère (la plupart des animaux) sont parvenus à surmonter, que ce soit pour trouver à manger, pour échapper aux parasites, prédateurs et autres pathogènes, pour tenir leurs concurrents à distance, pour résister aux aléas du milieu et autres catastrophes climatiques, petites ou grandes. Car sur cette Terre, ça bouge tout le temps, ça change – n'oubliez pas que nous jonglons avec les milliers et millions d'années. Conclusion : les espèces en viennent à produire des athlètes de compétition, des inventeurs exceptionnels – ce sont des réceptacles d'innovations, certaines récentes, d'autres héritées de leurs ancêtres *via* l'ADN. Merci l'évolution, merci la biodiversité !

Illustrons cette inventivité par quelques exemples, outre celui du coléoptère du Namib évoqué plus haut et qui sait extraire l'eau dont il a besoin à partir du brouillard. Que peut-on faire d'autre avec son estomac que digérer ses aliments ? Eh bien, dans des conditions de vie particulièrement difficiles, le manchot royal et la grenouille australienne *Rheobatrachus silus* ont inventé, pour les besoins de la cause, la fonction « garde-manger » pour le premier et la fonction « couveuse » pour la seconde – pour le plus grand bien de leur descendance. Les manchots royaux qui se reproduisent à l'île de la Possession dans l'archipel de Crozet vont chercher leurs proies, poissons ou calmars, à 100 ou 200 mètres de profondeur dans une zone qui s'appelle le « front polaire » où celles-ci sont le plus nombreuses, mais qui se trouve à des centaines de kilomètres de leur colonie… jusqu'à 500 à 600 kilomètres les années chaudes. Chez le manchot royal, le mâle et la femelle assurent l'incubation de l'œuf à tour de rôle, en le gardant sur leurs pieds pour lui éviter le froid de la glace. C'est généralement le mâle qui prend en charge les 2 à 3 dernières semaines d'incubation, la femelle revenant alors au moment de l'éclosion pour nourrir le poussin. Lors d'une année chaude, où le front polaire est le plus éloigné, elle peut ne revenir qu'une semaine après l'éclosion. Heureusement le mâle s'est alors révélé capable de nourrir le poussin… avec de la nourriture qu'il conservait intacte dans son estomac depuis trois semaines, c'est-à-dire depuis son dernier voyage en mer – dans un estomac à 38 °C ! Comme frigidaire, on fait mieux. Une étude de la flore bactérienne de l'estomac, qui a révélé une forte proportion de bactéries mortes dans le contenu stomacal au cours de cette période du jeûne d'incubation, a mis sur la voie d'un mécanisme antimicrobien. Et une molécule antimicrobienne, la « sphéniscine », fut isolée et caractérisée à partir du contenu stomacal de manchots mâles n'ayant pas digéré la nourriture stockée pendant leur jeûne d'incubation. À noter que cette petite protéine de 38 acides aminés s'est avérée très efficace contre certaines souches microbiennes associées à des maladies nosocomiales, notamment des staphylocoques et *Aspergillus fumigatus*, qui est responsable de l'aspergillose. Elle pourrait aussi s'avérer très utile pour la conservation des aliments[11].

En 1973, un batrachologue d'origine indonésienne découvre en Australie – où l'on pensait avoir fait l'inventaire complet de la faune batracienne – une nouvelle espèce, et même un nouveau genre de grenouille, qu'il appela *Rheobatrachus silus*. L'année suivante, on découvrait l'extraordinaire mode de reproduction de cette espèce : sitôt les œufs pondus et fécondés dans l'eau, la femelle les avale – mais ne les digère pas (ouf !). Ces œufs se développent à l'abri dans son estomac, devenu poche interne d'incubation. Les chercheurs s'intéressèrent évidemment à la capacité qu'avait cet animal d'inhiber sa fonction gastrique et finirent par isoler la molécule responsable, une prostaglandine, la PGE2, qui fut ensuite utilisée pour traiter les ulcères gastriques. On était en 1981. Entre-temps, l'espèce s'était éteinte dans la nature. Et il en fut de même d'une deuxième espèce du même genre découverte puis décrite en 1984, *R. vitellinus* – et qui s'éteignit en 1990[12]. Les grenouilles sont ingénieuses et prévoyantes, pas les humains qui ont laissé disparaître ces merveilles ! Mais c'est une autre histoire et nous y reviendrons.

On sait que les plantes sont douées en matière d'échanges de gaz : ne sont-elles pas capables de construire des forêts à partir du gaz carbonique prélevé dans l'air ? On sait moins en revanche que 36 % du carbone assimilé est relâché sous la forme de bouquets complexes de composés organiques volatils (COV). Si une partie de ces COV sont de simples déchets, d'autres assurent des fonctions importantes, par exemple de communication. Ainsi, c'est grâce aux COV que les plantes attaquées par un ennemi – un herbivore – préviennent leurs consœurs, qui peuvent alors mobiliser leurs propres mécanismes de défense. Il n'y a certes pas là volonté de communication : c'est la sélection naturelle qui a favorisé la promotion de plantes capables d'être « à l'écoute » des COV dégagés par leurs voisines et d'en tirer parti. La réponse déclenchée par la plante alertée par les COV peut être directe, par mobilisation d'alcaloïdes, phénols et autres protéines de défense contre les agresseurs. Dans d'autres cas, la plante qui reçoit le signal de menace réagit en offrant des récompenses alimentaires aux ennemis des insectes phytophages, qui peuvent être des parasitoïdes, insectes très spécialisés qui pondent leurs œufs dans les larves d'insectes phytophages, provoquant leur paralysie et conduisant à leur mort.

Ces communications chimiques fonctionnent également entre plantes d'espèces différentes. Des chercheurs ont coupé les feuilles de pieds d'*Artemisia tridentata*, une armoise, buisson commun des déserts américains, pour simuler l'agression par un herbivore. Les plants de tabac plantés à 15 centimètres de ces Artémisias « stressés » subirent moins d'attaques d'herbivores (et produisirent davantage de graines) que leurs homologues plantés à proximité d'Artémisias intacts et donc chimiquement silencieux. Les Artémisias attaqués avaient libéré des COV, lesquels alertèrent les pieds de tabac : ces derniers ont alors pu accélérer la production de protéines de défense, se préparant ainsi à répondre efficacement à une éventuelle attaque !

Enfin, pour terminer cette rapide évocation de l'inventivité de l'évolution qu'incarnent les espèces, faut-il rappeler que l'un des succès les plus remarquables de notre espèce et de sa médecine, la découverte des antibiotiques, est une invention, entre autres, de champignons microscopiques : merci *Penicillium*… mais aussi Alexander Fleming qui nous ouvrit cette voie dans laquelle, depuis, de nombreuses autres espèces se sont illustrées.

Bref, les espèces recèlent des cocktails d'inventions. Chacune apparaît comme une sorte de petite entreprise, qui doit se faire sa place parmi les autres – les spécialistes parlent de *niche écologique* : elles y produisent, consomment et se trouvent prises dans des réseaux de relations complexes avec toutes les autres qui les environnent. « C'est vert et ça marche ! », pour reprendre l'expression de Jean-Marie Pelt[13]. Somme d'espèces et d'interactions, la biodiversité est bien un *tissu*, un *réseau*, et non un catalogue. Et il convient de bien appréhender cette dimension écologique fonctionnelle qui caractérise le vivant et permet de comprendre sa diversité – et la raison d'être de cette diversité.

2. Une entreprise en réseau

> « Toutes choses se tiennent. Tout ce qui arrive à la Terre, arrive aux fils de la Terre. Ce n'est pas l'homme qui a tissé la trame de la vie : il en est seulement un fil. Tout ce qu'il fait à la trame, il le fait à lui-même. »
>
> Sitting Bull, 1886, lettre au président des États-Unis d'Amérique.

Vivre, c'est manger, éviter d'être mangé et se multiplier. C'est donc interagir avec d'autres êtres vivants, pour s'en nourrir, s'en préserver ou se reproduire. Nul individu, nulle espèce ne peut se concevoir en dehors du tissu de relations où il ou elle puise ses racines et qui lui donne un avenir tout en assurant son présent. Les écologues parlent de chaînes ou réseaux alimentaires. C'est la trame vivante des écosystèmes, de la biosphère, une entreprise de production et de recyclage du vivant et de ses fruits. Une estimation économique produite en 1997, certes très discutée, avait évalué ce qu'apportent les écosystèmes de la planète à près de trois fois le PIB de l'humanité[1].

Notre propos n'étant pas de faire un cours d'écologie sur la structure et le fonctionnement des écosystèmes mais d'en faire comprendre la substance et l'omniprésence, nous allons partir d'un exemple concret, en démaillant progressivement un fragment du tissu vivant planétaire.

L'histoire, la triste histoire de la Loutre de mer, se passe au sud des côtes de l'Alaska, autour de l'archipel des îles Aléoutiennes, dans le Pacifique Nord. Après des temps heureux, liés à l'interdiction de la chasse pour sa fourrure qui la protégeait, les années 1990 sont soudainement marquées par un effondrement de sa population. Que s'est-il passé ? Aucun signe de pénurie alimentaire, bien au contraire : les oursins, dont se délecte notre loutre, sont en train de pulluler. Et pour cause : dix fois moins de loutres à s'en empiffrer ! Le problème est donc à rechercher de l'autre côté de la chaîne alimentaire, du côté des « ennemis ». Aucun signe de maladie ou d'épidémie, mais les traces d'un méchant prédateur, l'Orque (ou Épaulard), cette baleine tueuse suspectée de se repaître autrefois de baleineaux (autrefois, c'est-à-dire avant que la chasse à la baleine ne réduise drastiquement leurs populations – donc les opportunités alimentaires pour l'Orque). Pourquoi donc les orques en sont-elles venues à mettre les loutres de mer à leur menu – des proies de taille modeste et qu'elles négligeaient superbement jusque-là ? Grosses mangeuses, elles déciment leur population. Pourquoi ce changement de régime ? Probablement parce que les phoques dont elles avaient pris l'habitude de se repaître sont devenus rares dans la région, victimes sans doute de l'« éclaircissement » des bancs de poissons consécutif à la surpêche pratiquée par *Homo sapiens*. Ainsi, une maille se défait et c'est tout le tissu qui se déchire… sans que l'on sache jusqu'où ça peut aller : quand *Homo sapiens* est dans le coup, depuis l'ère industrielle, ça devient vite global, on y reviendra. Si l'on regarde maintenant vers les niveaux inférieurs de la chaîne alimentaire, c'est-à-dire du côté des oursins, qui pullulent, ça ne va pas mieux : la forêt de laminaires, ces algues géantes qui tapissent les fonds marins côtiers et font vivre – nourriture ou abri – quantité d'espèces, vers, crustacés, mollusques et poissons, apparaît aujourd'hui en lambeaux, avec un effondrement sans précédent de la biodiversité qui en dépendait. Non régulés par leur principal prédateur amoindri, les oursins « surpâturent » le tapis d'algues.

Voilà ce qu'est un réseau trophique, la biodiversité vue de l'intérieur : un réseau complexe d'interactions mangeurs-mangés, où circulent matière, énergie et information, depuis les algues qui fabriquent de la matière organique (notre substance d'être vivant) grâce à la photosynthèse, jusqu'aux grands prédateurs… et à nous autres humains. Des humains qui en font indissolublement partie et qui ont mis leurs griffes partout au point de le déchirer dangereusement.

Un deuxième aspect majeur de la biodiversité ainsi définie, c'est sa dimension spatiale, territoriale, géographique : nos milieux de vie ou d'activité, les paysages qui nous environnent, ne sont rien d'autre que l'incarnation locale ou régionale de ce tissu vivant planétaire. À noter qu'à parler de *paysages* on introduit dans le concept de biodiversité une dimension *culturelle* – ce qui est essentiel. Oui, la biodiversité ce sont aussi nos paysages, ces agencements de forêts, de champs cultivés, de prairies et de rivières, ce bocage breton ou bourguignon avec ses villes et villages – entremêlement de nature et de culture, en donnant à ce mot son double sens de « culture de la terre » et « culture de l'esprit ». On voit combien il n'est guère écologique d'opposer agriculture et nature (ou biodiversité), la première n'étant, comme les populations humaines, qu'un sous-ensemble particulier du tissu vivant planétaire. L'agriculture est une ingénierie d'écosystème orientée au profit d'une seule espèce, la nôtre.

Des relations de prédation mais aussi d'entraide

On sait l'importance de l'énergie dans le fonctionnement et le développement de nos sociétés. Mais c'est beaucoup plus général : pas d'énergie, pas de vie. Voilà pourquoi, nous autres êtres vivants, devons manger – et si nous ne sommes pas dotés de chloroplastes comme les plantes vertes, ou associés à des bactéries capables de chimiosynthèse comme les étranges vers géants des sources hydrothermales, cette énergie il nous faudra la prendre en consommant d'autres êtres vivants.

Manger nous relie au Monde. C'est d'abord ce besoin inéluctable de trouver à manger qui nous a poussés à évoluer. Voilà pourquoi il est légitime, cohérent, efficace de représenter et penser le monde vivant sous la forme de *réseaux trophiques* – c'est-à-dire de chaînes alimentaires entrecroisées, pour ne pas dire entremêlées. Nous venons de le montrer avec l'exemple de la Loutre de mer. Mais c'est aussi ce que démontrent mieux encore les préhistoriens et anthropologues quand ils nous content les mœurs de nos ancêtres chasseurs-cueilleurs puis décryptent l'importance des pratiques de récolte, de chasse, puis d'agriculture et d'élevage, dans l'évolution et le succès des sociétés humaines. Ces mêmes anthropologues soulignent tout autant le caractère décisif des phénomènes de compétition *et* des relations de coopération. Coopération entre humains d'abord, mais aussi coopération avec d'autres espèces – chiens, chats, chevaux, vaches, cochons, choux, haricots, blés, maïs, riz et pommes de terre. Que serions-nous, en effet, sans la domestication de ces plantes et animaux, sans les non-humains en général qui tissent la toile de notre cadre de vie ? La domestication est à double sens, s'apparentant alors à de la co-évolution : nous changeons, par les choix que nous faisons (telle ou telle semence, tel ou tel croisement) la destinée des espèces ainsi domestiquées, mais celles-ci nous influencent aussi en retour.

Les réseaux du vivant sont donc devenus très complexes, puisqu'ils traduisent des milliards d'expériences accumulées au long de milliards d'années. Les principes de base de leur organisation et de leur fonctionnement sont simples : trouver à manger, éviter d'être mangé ; surmonter la compétition des congénères et d'autres espèces pour l'accès aux ressources ; s'associer et coopérer avec d'autres pour mieux satisfaire les objectifs précédents et se reproduire et, ainsi, transmettre de l'information par les gènes. Voilà ce qui a modelé notre monde, ce qui constitue le moteur de la biosphère.

N'est-il pas curieux de relever, dans les manuels d'écologie antérieurs aux années 1970, la faible place faite aux relations de coopération ? Après des chapitres de plusieurs dizaines de pages consacrés à la prédation d'une part et à la compétition d'autre part, mutualismes et symbioses se voyaient réduits à de l'anecdotique – l'évocation des lichens, organismes fruits d'une symbiose, c'est-à-dire d'une association indissociable, entre une algue et un champignon, voire des mycorhizes qui associent racines et champignons.

Les mycorhizes : des associations vitales

Sous terre, des champignons colonisent les racines des plantes et forment un entrelacs qui les relie entre elles. Des réseaux qui vont jusqu'à transférer de la matière d'une plante à l'autre.
C'est à Suzanne Simard et ses collègues de l'université de Vancouver que l'on doit, en 1997, les premiers résultats montrant que les mycorhizes peuvent transférer du carbone entre des plantes vertes en conditions naturelles. Leur objet d'étude était une jeune forêt de bouleaux et de conifères, douglas et tsuga. Près de 90 % des racines de bouleau et de douglas étaient colonisées par les sept mêmes espèces de champignons, tandis que celles de tsuga étaient colonisées par des champignons différents. Les chercheurs canadiens fournirent au bouleau du dioxyde de carbone enrichi en carbone-13 (^{13}C), et au douglas, du dioxyde de carbone enrichi en carbone-14 (^{14}C). Les sucres fabriqués par le bouleau étaient de ce fait enrichis en ^{13}C et ceux produits par le douglas, enrichis en ^{14}C. Restait alors à suivre l'éventuel transfert de ces sucres marqués au ^{13}C ou ^{14}C entre arbres d'espèces différentes. Il apparut que le tsuga ne recevait presque rien du bouleau et du douglas, mais que ces deux derniers échangeaient du carbone entre eux, avec un bilan net en faveur du douglas. Or ce flux était interrompu si l'on creusait une tranchée entre les arbres. Comme cette dernière coupait le réseau mycorhizien, la conclusion logique était que celui-ci servait au transfert des molécules. D'autres données ont confirmé cela : les réseaux mycorhiziens peuvent transférer du carbone entre plantes vertes. Toutefois, de tels transferts ne sont pas systématiques, et l'un des principaux défis à relever ces prochaines années sera de déterminer quels contextes écologiques les favorisent.
On retiendra que les réseaux de champignons souterrains jouent un rôle essentiel dans le fonctionnement et la structuration des communautés végétales[2].

Ce biais en faveur des interactions à effets négatifs serait-il le reflet d'une société humaine occidentale aveuglée par sa dévotion aux vertus supposées de la compétition ? Dès 1902, un philosophe russe, le prince Kropotkine, estimant suivre en cela la théorie de Darwin, voyait dans l'entraide une force importante de l'évolution[3]. Il faudra attendre les années 1970-1980, pour que l'importance des relations de coopération soit de plus en plus explicitement soulignée, voire développée… Et l'essai déjà cité de Maynard Smith et Szathmáry, qui mit en relief le rôle décisif des associations à bénéfices réciproques dans les transitions évolutives majeures, corrigea définitivement cette regrettable négligence, près d'un siècle après Kropotkine. Mais en fait, dans les campagnes, nos grands-mères ne savaient-elles pas qu'il faut associer œillets d'Inde et tomates ? Incas, Aztèques et Africains mariaient de longue date légumineuses et graminées – comme l'agriculture bio qui remet ces pratiques au goût du jour : et si l'avenir se nourrissait des « hiers » oubliés ?

On a toujours besoin d'un plus grand que soi

L'histoire se passe dans une savane d'Afrique de l'Est. Les vastes plateaux à sols argileux y sont dominés sur des kilomètres et des kilomètres par un arbre, *Acacia drepanolobium*. Un paysage de rêve parcouru de girafes et d'antilopes que l'on appellera ici « grands herbivores ». Que seraient les savanes sans leurs grands herbivores ? Ce n'est pas le lion qui se pose cette question (car il aurait dit « *ma* savane »), mais bien une équipe d'écologues intéressés par le rôle des mutualismes dans le fonctionnement et la persistance de ces écosystèmes.

Depuis les travaux de l'écologue américain Daniel Janzen, qui remontent au début des années 1960, on connaît la subtilité du mutualisme qui s'est développé entre certains acacias et certaines fourmis par le jeu d'une étroite co-évolution : les fourmis, par leur comportement agressif, protègent les arbres des gourmandises d'herbivores et bénéficient en revanche des abris et excrétions sucrées offerts par l'acacia. Quant au moteur de cette évolution réciproque, il était clairement identifié : ce ne pouvait être que la prédation exercée par les grands herbivores de la savane.

Restait à le démontrer. C'est ce qu'ont fait Palmer et son équipe au Kenya[4]. L'acacia produit au nœud de ses branches tantôt des épines aiguës, tantôt des *domaties*, épines creuses et gonflées qui servent d'abri à des fourmis. L'arbre sécrète en outre un nectar riche en sucre grâce à des glandes extraflorales situées à la base des feuilles. Quatre espèces de fourmis se disputent la possession de ces arbres, avec des « arguments » et intérêts différents. *Crematogaster mimosae* profite des domaties où elle élève son couvain, loge ses ouvrières et entretient à l'occasion des insectes du genre cochenille producteurs de miel. En contrepartie, elle défend très agressivement l'arbre vis-à-vis des herbivores. C'est, dans la région étudiée, la fourmi symbiotique la plus abondante : elle y occupe un arbre sur deux. *Crematogaster sjostedti* ne se rencontre que sur 16 % des acacias. C'est une gardienne moins agressive des arbres hôtes où elle s'abrite dans les cavités des branches creusées par les larves de coléoptères du genre capricorne. Les deux autres espèces, *Crematogaster nigriceps* et *Tetraponera penzigi*, sont présentes avec des fréquences du même ordre que *C. sjostedti*. Afin de se protéger des attaques hostiles des deux autres espèces, compétitivement dominantes, *Crematogaster nigriceps* et *Tetraponera penzigi* ont développé des stratégies spécifiques. La première est, pour l'acacia, un défenseur très efficace. Mais, pour éviter les survenues hostiles de *Crematogaster mimosae*, elle émonde des bourgeons axillaires et tue des méristèmes apicaux, réduisant ainsi l'étalement latéral de la canopée et, de ce fait, l'éventualité des contacts avec la canopée d'autres acacias occupés par des colonies de fourmis hostiles. Quant à *Tetraponera penzigi*, une protectrice plutôt efficace de l'arbre hôte, elle détruit les glandes à nectar de celui-ci, ce qui, gardant à distance les colonies voisines de *Crematogester* dépendantes du nectar, est interprété comme une stratégie défensive du type « terre brûlée ».

L'expérimentation conduite par l'équipe de Palmer, commencée en 1995, a consisté à mettre des parcelles de 4 hectares hors d'atteinte des grands herbivores sauvages (plus de 15 kg). Dix ans après, les chercheurs relèvent qu'en absence du broutage par les grands herbivores, les acacias réduisaient leurs investissements dans les glandes à nectar et autres épines à domaties, c'est-à-dire dans leur « paiement en services » aux fourmis symbiotiques dont la fonction protectrice était devenue inutile. Cet effondrement de la production de nectar dans les enclos était particulièrement marqué pour les arbres occupés par *Crematogaster mimosae* et *C. sjostedti* et inexistant ou non significativement différent sur les arbres occupés par *Crematogaster nigriceps*. Il se pourrait que le comportement d'émondage pratiqué par cette espèce ait induit l'arbre en erreur en simulant l'action des herbivores : celui-ci continue de fournir sa récompense aux fourmis symbiotiques même en absence d'herbivores brouteurs.

L'exclusion expérimentale des grands herbivores a profondément marqué la communauté de fourmis associée à l'acacia. La proportion des arbres occupés par *Crematogaster sjostedti* avait doublé, cette espèce devenant la plus abondante. À l'opposé *Crematogaster mimosae*, très dépendante des domaties maintenant moins fréquentes, se fait plus rare et ses colonies sont moins nombreuses. En outre, pour compenser la chute de la production en nectar par l'arbre, les colonies élèvent deux fois plus d'insectes suceurs de sève.

Les changements survenus dans le peuplement des fourmis symbiontes eurent en retour des effets sur les plantes hôtes elles-mêmes qui, finalement, s'avérèrent souffrir de la suppression du broutage par les herbivores. Ainsi, le suivi pendant huit ans de quelque 1 750 acacias marqués a montré que les arbres abritant des colonies de *Crematogaster sjostedti* eurent une croissance très ralentie et une mortalité deux fois plus élevée en comparaison des arbres occupés par les autres espèces. Ces effets sont vraisemblablement la conséquence des dommages provoqués dans l'arbre par les attaques de capricornes qui ouvrent des espaces propices à la nidification des *Crematogaster sjostedti* et que celles-ci favorisent. De fait, une expérience d'exclusion des fourmis a montré qu'après 18 mois les attaques de capricornes avaient décru de 77 % sur les acacias débarrassés de *C. sjostedti* par rapport à ceux non manipulés.

Les *Acacias drepanolobium* qui, dans les savanes d'Afrique, ont développé au cours de l'évolution un mutualisme très complexe avec des fourmis pour se protéger des herbivores ont maintenant besoin de ces herbivores pour prospérer normalement. Les menaces qui pèsent aujourd'hui sur la grande faune herbivore d'Afrique pourraient avoir des conséquences imprévues sur la végétation des savanes.

Des oiseaux victimes de la chasse à la baleine

On aura remarqué la nature profondément subtile des interactions qui tissent la vie et le fonctionnement de cet écosystème de savane. Mais il en est ainsi de *tous* les écosystèmes et donc de la biosphère entière. Le détail, l'anecdote, l'espèce ne doit pas masquer ou faire oublier l'ampleur des flux de matières, d'énergie et d'information que ces systèmes mettent en œuvre. L'exemple suivant, tiré d'*Une mer sans poissons* de Philippe Cury et Yves Miserey, nous le rappelle fort opportunément[5]. Qui aurait pu imaginer, écrivent ces auteurs, que l'effondrement de la population de baleines grises dans l'Atlantique ait eu des effets sur les populations d'oiseaux marins ?

Pour le comprendre, il faut voir derrière ces grands mammifères marins les prodigieuses « entreprises » qu'ils sont pour transférer matière et énergie sur de grandes distances, mais aussi entre les profondeurs et la surface des océans. Ils s'alimentent sur le fond en pompant les sédiments et organismes qui y résident. Avant leur exploitation au XIXe siècle, les baleines grises étaient capables de remettre en circulation quelque 720 millions de m^3 de sédiments chaque été, précisent Cury et Miserey. Au cours de ce gigantesque chambardement, de nombreux crustacés benthiques, c'est-à-dire vivant sur le fond, se trouvent littéralement projetés en surface – véritable aubaine pour les oiseaux marins qui ont appris à suivre les déplacements des grands cétacés. Or, si l'on considère qu'à cette époque, avant les débuts de la chasse, la population de baleines grises tournait autour de 100 000 individus, le phénomène précédemment décrit permettait de nourrir plus d'un million d'oiseaux. On comprend alors aisément pourquoi et comment ceux-ci ont souffert du déclin de la population de baleines : avec la réduction des remontées, les ressources alimentaires disponibles ne permettent l'entretien que de quelque 220 000 oiseaux marins.

Cet exemple ne rend évidemment pas compte du véritable rôle que jouent les populations de baleines dans les océans mondiaux, mais il fait bien percevoir l'extraordinaire complexité des écosystèmes, la réalité substantielle de leur fonctionnement et l'importance que revêt, au-delà de sa seule survie, l'abondance d'une espèce.

Du « à quoi ça sert ? » au « comment ça fonctionne ? »

Pour asseoir dans la durée le succès médiatique du vocable « biodiversité », les promoteurs de ce concept ont cru nécessaire d'insister sur son utilité – comme on connaît ses saints on les honore, dit le bon sens populaire. Utilité pour nous humains, bien entendu.

Dans la baie du Mont-Saint-Michel, des milieux oubliés révèlent leur utilité

Le projet de restauration du caractère maritime du Mont-Saint-Michel a amené à se poser la question de l'utilité des marais salés.

L'intérêt des prés salés est connu et reconnu par de nombreux acteurs. Les agriculteurs y voient le lieu de production du fameux mouton de pré salé. Les chasseurs y cherchent les Canards siffleurs qui se nourrissent en hiver de la Puccinellie, petite plante favorisée par le pâturage. Les naturalistes y voient le milieu de prédilection d'une oie protégée, la Bernache cravant.

Les marais salés « naturels », non pâturés, semblaient *a priori* moins remarquables. En particulier, la partie moyenne des marais salés, occupée sur de grandes surfaces par une espèce très commune, l'Obione (*Atriplex portulecoïdes*), qui forme une végétation peu accessible et apparemment sans intérêt.

Erreur ! L'Obione est très productive : plus de 20 tonnes en moyenne

de matière organique sèche par hectare et par an, et jusqu'à 36 tonnes, et ce, sans labour, sans engrais et sans pesticide. En comparaison, le maïs utilise 140 à 180 kg d'azote par hectare, pour une production de 10 à 13 tonnes de matière sèche.
L'essentiel de la matière organique produite par l'Obione est décomposé très rapidement sur place, en particulier grâce au travail des bactéries et d'un petit crustacé « déchiqueteur » du genre *Orchestia*. Il en résulte une production de matière organique sous forme dissoute et sous forme de particules fines, ainsi que des nutriments (azote et phosphore) qui, exportés vers le milieu marin, viennent enrichir les vasières voisines des marais salés. Cet enrichissement permet d'expliquer la capacité de production de ces vasières en micro-algues, les diatomées. Repris par le flot lors des marées montantes, ces diatomées et les microdétritus organiques permettent de comprendre pourquoi la baie du Mont-Saint-Michel est capable de produire chaque année 10000 tonnes de moules commercialisées (premier centre français d'élevage de moules sur bouchots) et 4000 à 6000 tonnes d'huîtres... sans compter la production d'invertébrés consommés par les oiseaux migrateurs[6].

Ainsi, avec une démarche utilitariste classique, a-t-on vu d'abord quantité d'auteurs promouvoir la valeur de la biodiversité en tant que source de produits de consommation. On parle de réservoir quasi infini de molécules d'intérêt pharmaceutique ; on rappelle, à juste titre, la fourniture de produits alimentaires – de *tous* nos produits alimentaires ; on énumère la quantité de produits industriels que fabrique la nature : bois, parfums, fibres, soie, cuirs et peaux, etc. C'est entendu, la biodiversité est pour nous une source de richesses. Et ces biens que nous obtenons gratuitement peuvent être évalués économiquement sans difficulté puisqu'ils passent par le marché. Bon, d'accord, tout le monde sait que l'agriculture et l'élevage sont des biens essentiels. On en connaît même le prix : ne fait-on pas son marché tous les jours ? Quant à l'importance économique des divers secteurs industriels qui s'appuient sur la biodiversité – industrie pharmaceutique, des cosmétiques, du bois –, est-il nécessaire d'aligner les milliards de dollars ou d'euros pour faire comprendre l'intérêt qu'il y a à préserver ces ressources[7] ?

La difficulté d'évaluer le rôle économique de la biodiversité tient à son omniprésence. Nos vêtements, les biotechnologies, beaucoup de nos outils, nos meubles, le tourisme, les religions doivent tant au monde vivant ! Le concept de « service écologique » permet, lui, d'élargir cette réflexion. Il repose sur l'idée que les écosystèmes fonctionnent et produisent – chose que la science écologique a mise au cœur de son champ de compétences en promouvant le concept d'écosystème. Le terme lui-même a été introduit par l'écologue britannique Arthur Tansley en 1935 pour caractériser le système constitué par les organismes vivants et l'environnement physique où ils se développent. Ce système a donc des structures et un fonctionnement.

L'article fondateur de l'écologie des écosystèmes, publié en 1942 à titre posthume, est dû à un jeune écologue américain, Raymond Lindeman. L'écosystème y est défini comme l'unité par excellence des échanges d'énergie dans la nature. Mais la notion fondamentale introduite par Lindeman est celle de cycle trophique, lequel relie les producteurs primaires aux consommateurs et aux décomposeurs, assurant ainsi la circulation de la matière dans l'écosystème. Les nutriments sont ainsi recyclés au sein de l'écosystème, lui assurant une véritable autonomie fonctionnelle. Avec le concept d'écosystème, l'écologie s'ouvre à l'analyse de la circulation, de la transformation et de l'accumulation d'énergie et de matière au travers des êtres vivants et de leurs activités.

Ainsi, on a commencé à théoriser le fonctionnement des systèmes écologiques au début du XXe siècle – tandis que l'agriculture, l'exploitation forestière, les pêches profitaient déjà depuis longtemps des capacités productives de la nature. On sait donc depuis longtemps que la nature assure des fonctions – et pas seulement celle de production de matière. Mais de là à parler de « service »... L'expression de « service écologique » est apparue dans la littérature écologique avec la décennie 1980, même si ses racines sont bien antérieures comme on vient de le rappeler. Désignés en anglais par la dénomination d'*ecosystem services*, ces services regroupent les facteurs, conditions et processus grâce auxquels les écosystèmes, avec l'ensemble des espèces qui en constituent la trame vivante et active, supportent et satisfont les besoins des hommes.

Cette définition intègre la production des biens et des services proprement dits, c'est-à-dire les fonctions utiles à notre propre existence : l'épuration de l'air et de l'eau, la régulation des inondations et des sécheresses, la détoxification et l'élimination des déchets, l'entretien de la fertilité des sols, la pollinisation des plantes, cultivées ou sauvages, la régulation des climats locaux, le contrôle des espèces potentiellement envahissantes et autres ravageurs, etc. ; à quoi on peut ajouter des services esthétiques, hédoniques, culturels, voire spirituels. Ces services écosystémiques résultent de l'ensemble des cycles biogéochimiques et des agents biologiques qui, à partir de l'énergie solaire, animent la biosphère tout entière.

Un contrôle biologique gratuit

Partout les hommes sont en compétition avec une multitude de ravageurs pour la nourriture, les fibres et le bois. Mais, qu'ils le sachent ou non, ils sont aidés dans cette lutte par nombre de parasites et prédateurs qui réduisent grandement les densités de beaucoup de ces ravageurs. La perte des services assurés par des contrôleurs naturels des ravageurs peut avoir d'importantes conséquences économiques, environnementales, ainsi que pour la santé humaine.
La chauve-souris brésilienne, *Tedarida brasiliensis*, fournit un service de contrôle biologique des ravageurs à l'échelle continentale pour l'Amérique du Nord. L'espèce hiverne au centre et au sud du Mexique et migre vers le nord chaque printemps pour former de grandes colonies de reproduction au nord du Mexique et dans le sud-ouest des États-Unis. On a recensé des colonies de cette espèce renfermant plus de 20 millions d'individus. Plus de 100 millions de chauves-souris peuvent se disperser chaque nuit hors des grottes et des ponts où elles s'abritent durant le jour pour se nourrir dans le sud et le centre du Texas. Ces chauves-souris consomment d'énormes quantités d'insectes pendant la période chaude ; les femelles allaitantes, en particulier, peuvent ingérer

jusqu'à deux tiers de leur masse corporelle chaque nuit. Les proies de ces chauves-souris incluent des adultes de plusieurs espèces de lépidoptères de la famille des *Noctuelles*, dont les larves sont connues comme des pestes agricoles, parmi lesquelles un redoutable ravageur du coton (*Helicoperva zea*).
Les revenus sauvés par les chauves-souris en tant qu'agents de contrôle biologique des ravageurs du coton ont été estimés dans une région de huit comtés du Texas central et méridional. Les calculs donnent une valeur annuelle de 741 000 dollars, avec une gamme allant de 121 000 à 1 725 000 dollars, à comparer aux quelque 5 millions de dollars par an que représente la récolte de coton.

Si l'idée de biens écologiques était banale et fut rapidement assimilée, celle de service est bien plus récente et plus délicate à appréhender. En outre, s'il est relativement facile de quantifier et même d'évaluer économiquement les biens produits (productions d'aliments, de fibres, de bois, etc.), ce n'est pas le cas des services, dont l'essentiel échappe au marché. De plus, admettre que les écosystèmes fournissent des services fut difficile à accepter par les naturalistes. L'anthropocentrisme que cela traduit déplaisait. Et voir la Nature, ses écosystèmes, comme de simples entreprises fournissant biens et services était tout ce qu'il y a de plus agaçant : non contentes de détruire la nature, la civilisation industrielle et sa voracité prédatrice s'apprêtent maintenant à l'asservir corps et âme. La libre Nature à notre service, quelle horreur !

Cela dit, les naturalistes ont raison : les écosystèmes ne nous fournissent rien. Ce sont les humains qui retirent des services du fonctionnement des écosystèmes – et c'est le cas de toutes les espèces. Toutes, en effet, en tant que constituantes des écosystèmes, contribuent aux services que toutes en retirent, conformément à l'idée de la vie comme tissu, réseau d'interactions. Comprendre le concept de service écosystémique exige d'être à même de se penser comme organismes parmi tous les autres, membres de l'écosystème.

Mais, au-delà du concept de service écologique, la « révolution » amorcée par la Société américaine d'écologie, avec son initiative pour une biosphère soutenable (1991), transformée ou parachevée par le Millennium Ecosystem Assessment (2005), a permis de faire un saut. Le déclic : l'invitation à replacer les humains dans l'écosystème planétaire, ce que les écologues naturalistes répugnaient à faire. Il en est résulté un renouvellement profond de nos approches, couplant systèmes écologiques et systèmes sociaux, et mettant en relief les liens entre bien-être humain et processus écosystémiques. En insistant plutôt sur le fonctionnement des écosystèmes, sur les processus écologiques qui les structurent et les animent, sur leurs performances aussi, le MEA fit passer la pilule : en fonctionnant, les écosystèmes mobilisent leurs acteurs vivants – la biodiversité – dans un grand nombre de processus et de performances dont nous profitons tout naturellement comme habitants de la biosphère. L'expression « service » est un raccourci qui, certes, traduit une vision très anthropocentrée, mais a l'avantage de faire reconnaître et valoriser ce que, jusque-là, nous ignorions ou traitions avec dédain. D'où, d'ailleurs, la dégradation des écosystèmes et l'érosion de la biodiversité qu'on déplore aujourd'hui.

Abeilles, bourdons et autres auxiliaires pour la pollinisation et la dissémination des plantes

Interactions. Que seraient les forêts tropicales, quelle serait leur richesse spécifique en plantes, arbres, lianes ou épiphytes, sans cette effervescence d'animaux pollinisateurs et disperseurs de graines qui les caractérisent ? La grande forêt guyanaise, par exemple, dépend de la pollinisation par des animaux, insectes, oiseaux ou chauves-souris pour la reproduction de plus de 80 % de ses espèces végétales. Pollinisation et dispersion des graines sont deux fonctions écologiques essentielles. Si elles peuvent être assurées par le vent, dans le cas des espèces que l'on appelle pour cela anémochores – songez au pissenlit et à ses graines « aériennes » qui se dispersent à tous vents comme la connaissance (Larousse !) –, nombre d'espèces végétales « préfèrent » un service moins aléatoire, plus orienté, spécialisé – intelligent. Et, pour cela, il leur a fallu s'associer à d'autres organismes vivants, les attirer… et payer le service rendu en fournissant nectar, pollen ou protection. Ce sont les pollinisateurs. Ces légers papillons, ces lourds bourdons que vous voyez voler de fleur en fleur butinent pour leur propre compte mais, du même coup, pollinisent les fleurs qu'ils visitent.

Mais passons à des choses sérieuses – sonnantes et trébuchantes. Précisément, venons-y. Au nord de la Californie, par exemple, de nombreux agriculteurs louent des ruches qui, transportées par camion, sont déplacées de ferme en ferme pour assurer cette fameuse pollinisation sans laquelle la production de fruits et de légumes serait fortement affectée. Merci aux abeilles domestiques, qui se substituent ici aux nombreux pollinisateurs sauvages à peu près disparus de cette vaste région désertifiée par l'agriculture intensive. Mais quand on sait que l'espèce *Apis mellifera* traverse actuellement une sombre période – Claire Kremen et Richard Ostfeld[8], écologues américains spécialistes de la question, rapportent, dans cette région, des mortalités de 50 % causées aux abeilles en 2004 par des acariens parasites –, n'est-il pas dangereux de ne reposer que sur cette seule espèce quand beaucoup d'autres insectes sauvages pourraient y contribuer efficacement… et gratuitement ? À condition que l'on s'y intéresse et qu'on les respecte. On sait peu de chose, il est vrai, sur l'importance des abeilles sauvages (un millier d'espèces en France, quelque 100 000 dans le monde) pour la pollinisation des cultures. Pour combler cette lacune, Claire Kremen et Richard Ostfeld ont cherché à quantifier les contributions de diverses espèces d'abeilles sauvages dans les services de pollinisation pour le melon d'eau, la tomate et les cultures de tournesol dans le nord de la Californie en mesurant leurs efficacités de pollinisation et fréquences de visites des fleurs. Ils ont démontré que les communautés d'abeilles sauvages seules pouvaient fournir des services de pollinisation partiels ou complets ou rehausser ceux apportés par les abeilles domestiques. Mais aussi que ces espèces sauvages étaient très vulnérables à l'intensification agricole, et particulièrement les pollinisateurs les plus efficaces.

Dans quelle mesure la production mondiale des récoltes à base de plantes dépend-elle de la pollinisation animale ? On estime aujourd'hui cette proportion à 35 %[9]. Cela inclut 107 productions de fruits et légumes dont 10 % dépendent totalement de la pollinisation animale et 75 % bénéficient grâce à elle d'une production accrue – le reste étant soit sans effet (8,5 %) ou non établi (6,5 %). Si la plus grande part de la production alimentaire est donc indépendante des pollinisateurs (c'est le cas des céréales), d'importantes composantes de nos ressources alimentaires, la diversité de celles-ci et la qualité de la nutrition humaine reposent fortement sur les pollinisateurs – parce que, par exemple, les plantes pollinisées par des animaux nous fournissent une grande partie des micronutriments essentiels tels que la vitamine C.

Des évaluations économiques de l'importance à l'échelle mondiale des services de pollinisations, d'origine commerciale ou sauvage, ont été tentées. Les résultats s'étalent, pour le monde entier, entre 112 et 200 milliards de dollars par an[10]. Une étude plus récente à laquelle a participé l'INRA[11] donne une valeur qui s'inscrit dans cette fourchette : 153 milliards d'euros par an pour l'activité pollinisatrice des insectes, principalement des abeilles, nécessaire aux principales cultures hors céréales (ces dernières ne dépendant pas de la pollinisation par des insectes).

Mais que cela ne nous fasse pas oublier que la pollinisation est un processus général qui concerne tout le tissu vivant planétaire – et pas seulement nos cultures ! Que serait l'Amazonie, et toutes les forêts tropicales, sans les cortèges d'oiseaux-mouches, de chauves-souris, de papillons et d'hyménoptères (abeilles, bourdons…) qui en fécondent les fleurs – ou plus exactement, qui *permettent* la fécondation des fleurs et la production de graines et de fruits ?

De la biodiversité aux services: une dynamique complexe

On admettra sans difficulté que, derrière les services rendus par les écosystèmes, on a des processus écologiques (production ou décomposition de matière organique, fixation de l'azote de l'air, pollinisation des fleurs...), donc des espèces qui les accomplissent:

Biodiversité → Processus écologiques → Services

Ces flèches que l'on peut légitimement utiliser pour schématiser les espaces de transition entre biodiversité et bénéfices pour les sociétés humaines escamotent un peu vite les complexités qu'elles dissimulent et les lacunes dans nos connaissances à leur sujet.

Tout d'abord il convient de souligner que la biodiversité dont il s'agit ici ne se réduit pas aux habituels oiseaux et mammifères charismatiques mais s'étend bien évidemment à des cortèges mal connus voire totalement ignorés de crustacés, de vers, de champignons ainsi qu'au monde invisible des micro-organismes.

D'autre part, entre la biodiversité – une affaire qui s'inscrit sur des échelles de temps qui se mesurent en milliers ou millions d'années – et les services, que nous apprécions à l'échelle de l'année ou de la décennie, le raccourci paraît simpliste et pour le moins précipité et trompeur. L'organisation des écosystèmes dissimule, en particulier, une propriété majeure de la biodiversité et des réseaux trophiques, *la résilience*, c'est-à-dire la capacité à absorber et amortir les chocs, à retrouver un fonctionnement normal après une catastrophe – même si les espèces dominantes ne sont pas toujours les mêmes avant et après. Là réside un des aspects de la vertu d'assurance sur l'avenir que l'on attribue à la diversité biologique.

On reviendra sur ce point-clé de la résilience des écosystèmes ainsi qu'à la nécessité de l'appréhender sur les temps longs, seule échelle à laquelle l'apparente surabondance en espèces trouve tout son sens. En attendant, quel bilan peut-on faire de l'état de nos connaissances en ce qui concerne les effets de la biodiversité sur le fonctionnement des écosystèmes ? Il existe un consensus général sur un certain nombre de points récemment synthétisés dans un rapport de la Société américaine d'écologie[12] dont nous résumerons ici les principales conclusions.

Premièrement, au-delà de leur nombre, ce sont les caractéristiques fonctionnelles des espèces qui influent le plus fortement sur les propriétés des écosystèmes et la qualité des services qu'ils peuvent délivrer. C'est un rappel à l'ordre important et utile : la biodiversité est un assemblage de spécificités. Il faut faire l'éloge de la diversité et non de la seule quantité comme on l'entend souvent – une simple addition de choux, de carottes et de ratons laveurs. Ces caractéristiques fonctionnelles opèrent et se définissent dans un contexte donné, lequel inclut les effets d'espèces dominantes, d'espèces clefs de voûte, d'espèces ingénieurs qui façonnent l'environnement ainsi que toutes les interactions entre espèces (compétition, facilitation, mutualisme, parasitisme, prédation). L'importance de chacune, du point de vue fonctionnel, dépend de ses effectifs, quoique des espèces même très peu abondantes ou ne représentant qu'une faible biomasse (par exemple un prédateur clef de voûte ou un parasite) peuvent influer fortement sur les flux de matière et d'énergie.

Le concept d'espèce clef de voûte de Bob Paine

Ce concept a été introduit par l'écologue américain Robert Paine en 1969[13], mais le phénomène avait été clairement exposé dans un article antérieur (1966) abondamment cité depuis. Sur les bancs rocheux de la zone intertidale (l'estran, zone de balancement des marées) des côtes américaines, Paine relève l'association remarquablement constante de moules, de balanes et d'une étoile de mer faisant fonction de prédateur de sommet, du moins à cette échelle d'analyse de la communauté intertidale d'invertébrés. En d'autres termes, l'étoile de mer, parce qu'elle se nourrit des balanes, moules et petits crustacés, se

trouve fonctionnellement placée au sommet du réseau trophique en question.
En juin 1963, Bob Paine élimine l'étoile de mer du banc rocheux sur des bandes de 8 m × 2 m. Dès septembre il observe l'expansion d'une espèce de balane *Balanus glandula*, qui occupe selon les sites 60 à 80 % de l'espace disponible. En juin de l'année suivante, les balanes étaient repoussées par la croissance rapide de la moule de Californie qui domina peu à peu tout l'espace avec la subsistance sporadique de la balane à cou d'oie : la richesse spécifique locale, en absence de l'espèce clef de voûte, est passée de 15 à 7 espèces.
Ainsi, la présence du prédateur de sommet permettait la coexistence de nombreuses espèces d'invertébrés en compétition pour la colonisation de la bande rocheuse située dans la zone de balancement des marées. Sa disparition entraîna un appauvrissement de la communauté intertidale par exclusion compétitive des espèces les moins efficaces dans la colonisation du substrat rocheux. L'étoile de mer *Pisaster ochraceus* est une espèce clef de voûte et l'hypothèse de Paine est, selon ses propres termes, que « la diversité spécifique locale est directement dépendante de l'efficacité avec laquelle les prédateurs empêchent la monopolisation des ressources par une seule espèce ».

Deuxièmement, les changements de composition des faunes et des flores, suite à des invasions ou des extinctions locales d'espèces, ont altéré significativement les services écologiques rendus dans de nombreux cas bien documentés. Qui plus est, ces changements équivalent à de véritables ruptures, en ce sens qu'ils sont difficiles, voire impossibles, à corriger – ou à des coûts trop élevés.

Troisièmement, certaines propriétés ou performances des écosystèmes sont *initialement* insensibles aux pertes d'espèces parce que : 1) ceux-ci en contiennent plusieurs à rôles fonctionnels similaires (la fameuse *redondance fonctionnelle* à apprécier sur les temps longs) ; 2) certaines espèces peuvent ne contribuer que faiblement aux propriétés en question ; 3) ces propriétés sont principalement dépendantes et contrôlées par des caractéristiques de l'environnement non vivant.

Quatrièmement, davantage d'espèces sont nécessaires pour garantir une fourniture stable de biens et de services écologiques lorsque croît la variabilité spatiale et temporelle.

Cinquièmement, la résistance à l'invasion par des espèces exotiques est fortement influencée par la composition en espèces et décroît généralement en même temps que la richesse spécifique locale.

Quant aux points insuffisamment compris et qui constituent autant de priorités pour la recherche, on relèvera, à la suite de Hooper et ses collègues, les trois principaux à nos yeux compte tenu des enjeux qui nous concernent ici. Tout d'abord, pour bien comprendre les effets des changements de biodiversité sur les services écologiques, il importe d'analyser de façon plus approfondie les relations entre diversité taxonomique (inventaires d'espèces), diversité fonctionnelle et structure des communautés. Il convient ensuite de sortir de l'univers unidimensionnel où la plupart des travaux sont restés confinés, comme si les écosystèmes, les réseaux du vivant, n'étaient pas organisés sur plusieurs niveaux trophiques. Car il est clair que les réponses des écosystèmes aux variations de biodiversité dépendent des niveaux trophiques où se produisent ces variations et changements. Enfin, la vieille question née avec l'écologie, de la relation entre diversité et stabilité, bien traitée sur le plan théorique, a été négligée par les travaux expérimentaux, spécialement *in natura*. Il est donc nécessaire de développer les expériences à long terme, et même à très long terme, si l'on veut être capable d'évaluer le rôle réel de la biodiversité dans la stabilité des écosystèmes et leur résilience, comme dans d'autres aspects et performances des réseaux trophiques dont ces fameux services écologiques popularisés par le Millennium Ecosystem Assessment.

Diversité, stabilité et long terme

Charles Elton, l'un des pères fondateurs de l'écologie moderne, écrit en 1930 : « L'équilibre de la nature n'existe pas, et n'a probablement jamais existé. Les effectifs des animaux sauvages varient constamment, à un degré ou à un autre, et ces variations sont habituellement irrégulières dans leur périodicité, toujours dans leur amplitude. Chaque variation dans les effectifs d'une espèce a des répercussions directes et indirectes sur les effectifs des autres, et, parce que beaucoup de ces dernières fluctuent elles-mêmes de manière indépendante, il en résulte un désordre remarquable. » Ce qui n'empêche pas l'entomologiste et écologue australien Alexander Nicholson d'ajouter en 1933 : *oui mais* « les populations animales *doivent* présenter un état d'équilibre, on ne saurait les expliquer autrement ». Entre ordre et chaos, la nature est en perpétuel mouvement. Les équilibres que l'on y rencontre sont à concevoir dans une perspective dynamique[14]. Et cela reste une des questions majeures de l'écologie comme le soulignent Thomas Sherratt et David Wilkinson dans leur récent essai sur les grandes questions qui se posent dans ce domaine[15]. Sous-jacente à ce vaste champ des sciences de l'écologie, et de l'évolution, la question qui domine est celle des relations entre stabilité, au sens de durabilité des systèmes, et diversité.

Lorsque l'on parle de *diversité* pour caractériser un écosystème, c'est généralement à sa *richesse spécifique* que l'on fait référence – c'est-à-dire au nombre plus ou moins élevé d'espèces qu'il comprend. Mais nous venons de voir qu'au-delà de la seule richesse spécifique comptent autant l'organisation trophique de cet assemblage d'espèces que la nature et la force des interactions, directes et indirectes, qui animent ce réseau vivant.

De tout cela dépend une propriété majeure des écosystèmes, outre leur productivité : leur *stabilité*. La littérature écologique abonde en considérations sur la stabilité des écosystèmes et ses relations avec la diversité. Un des postulats dominant, mais qui fut controversé, est que les écosystèmes sont d'autant plus stables qu'ils sont diversifiés, c'est-à-dire qu'ils présentent une diversité spécifique élevée (que l'on caractérise non seulement par le *nombre* des espèces, la richesse, mais aussi par l'abondance relative de ces dernières). On constate en effet que les écosystèmes naturels deviennent avec le temps, après une perturbation, à la fois plus riches et plus stables ; mais le fait que tout accroissement de diversité introduit dans certains modèles mathématiques d'écosystèmes tendait à réduire et non à accroître leur stabilité[16] a, un temps, semé le doute chez beaucoup d'écologues.

Faut-il rappeler que les performances de tout modèle mathématique dépendent des éléments de la réalité qui y sont introduits ? Pour peu que l'on introduise de l'hétérogénéité spatiale, de la variabilité temporelle, des prédateurs, des fonctions de coopération – ce qui, somme toute, caractérise la vraie nature, nous n'avons cessé de le montrer ici –, alors on voit apparaître une véritable stabilisation des systèmes complexes ainsi modélisés[17], avec en particulier la possibilité de voir coexister durablement des espèces potentiellement compétitives, c'est-à-dire assurant la même fonction (fixation d'azote, par exemple).

Encore convient-il de s'entendre sur le concept de stabilité. Pour simplifier, on distinguera deux composantes essentielles dans la stabilité *lato sensu*. La première, statique, que l'on peut appeler stabilité au sens strict, désigne les propriétés de constance ou de persistance des écosystèmes. Elles sont éventuellement liées à la simple permanence des conditions environnementales. La seconde, dynamique, que l'on peut appeler *résilience* ou *homéostasie*, correspond à l'aptitude des écosystèmes à revenir à l'état d'équilibre après perturbation. Apprécier la stabilité ou la résilience d'un écosystème réel, forêt tropicale, lac ou savane, demande le recul du temps. Quand on s'intéresse aux forêts, par exemple, faites d'arbres capables de vivre des centaines voire des milliers d'années, le recul du temps nous entraîne au-delà de nos espérances de vie – d'où la difficulté d'apprécier pleinement les vertus de la diversité sur ce qui est essentiel pour nous humains : la durabilité des écosystèmes et des services que l'on en tire.

En d'autres termes, si l'on raisonne à courte échelle de temps – quelques années –, on peut dire qu'une part significative de la richesse spécifique est inutile, du fait de la redondance fonctionnelle qui caractérise les écosystèmes, et particulièrement les plus riches (forêts tropicales, récifs coralliens). Mais cela n'est plus nécessairement vrai si l'on se projette sur les décennies et les siècles à venir et si l'on prend en compte les changements environnementaux qui frappent tous les écosystèmes, ne seraient-ce que les changements climatiques qui s'affirment depuis quelques décennies : des espèces hier négligeables, car peu abondantes et au rôle effacé par rapport à d'autres plus nombreuses et assurant sensiblement les mêmes fonctions, peuvent s'avérer demain mieux adaptées aux conditions climatiques nouvelles et se substituer à ces dernières au contraire en régression. C'est cela la valeur d'*assurance sur l'avenir* accordée à la biodiversité.

De fait, la richesse en espèces apparaît devoir renforcer la résilience autour d'états désirables des écosystèmes, c'est-à-dire d'états susceptibles d'assurer durablement la production de services écologiques essentiels. Qui plus est, la diversité de réponses aux changements environnementaux au sein de groupes d'espèces contribuant à la même fonction écologique est bien un attribut critique pour la résilience[18]. Cette diversité de réponse, érigée ici en concept, est particulièrement importante lors du renouvellement et de la réorganisation des écosystèmes après une rupture, un changement brutal.

Ainsi, la diversité de réponse dont sont porteuses les espèces à même vocation fonctionnelle confère à ces systèmes complexes que sont les grands écosystèmes de la planète – forêts tropicales, savanes, récifs coralliens, lacs et océans – une capacité adaptative irremplaçable, particulièrement dans ce monde dominé par l'homme et ses ébranlements. Un atout précieux pour affronter des avenirs incertains… et une triple leçon : 1) nous avons besoin de *toute* la biodiversité ; 2) dans tout aménagement ou restauration d'écosystème ou de paysage, c'est l'*accroissement de la résilience* que nous devrons rechercher ; 3) cela signifie donc que l'exploration des *attributs des espèces* qui confèrent aux écosystèmes une telle résilience est une priorité pour la recherche, mais aussi pour l'économie, pour les entreprises qui en vivent !

3. Une entreprise au bord de la faillite

> « L'extinction des organismes vivants est le dégât biologique le plus important de notre époque, car il est totalement irréversible. Chaque pays possède trois formes de richesses : ses ressources matérielles, culturelles et biologiques. Nous comprenons très bien les deux premières, car elles font parties intégrantes de notre vie quotidienne. En revanche, on néglige les ressources biologiques : c'est une grave erreur stratégique que nous regretterons de plus en plus. Les animaux et les végétaux sont une partie de l'héritage d'un pays, le résultat de millions d'années d'évolution en un endroit précis ; leur valeur est au moins égale à celle de la langue et de la culture. »
>
> Edward O. Wilson, *La Diversité de la vie*, 1993, Éd. Odile Jacob.

La biodiversité s'effondre, le tissu vivant planétaire se démaille, les écosystèmes seraient à bout de souffle ; selon les spécialistes, la sixième crise d'extinction en masse des espèces bat son plein et nous en sommes responsables. Oui, nous tous, enfants fous d'*Homo sapiens*, nous scions gaillardement la branche sur laquelle s'assoit notre propre développement. Bref, notre entreprise serait au bord de la faillite.

Que cette approche nous agace ne surprendra pas. D'abord parce que, certes, il est vrai que la situation est critique ; il est également vrai que, dans l'affaire, nous n'avons pas les mains propres. Et c'est agaçant. Mais plus agaçant encore est le fait que nous voilà entraînés à entériner une vision faussée de la dynamique du monde, de la biodiversité, qui fait des humains des sortes d'extraterrestres. Comme si nous ne faisions pas partie de la biodiversité. Pire, selon Luc Ferry, il s'agirait d'une victoire, notre « humanité » consistant à « s'extraire de la nature » !

Car c'est précisément là que commence le problème, l'erreur originelle de notre civilisation, qui nous place hors du monde animal, hors de la nature, avec mission de la dominer. Et voilà le résultat : une crise d'extinction en masse qui monte en puissance et qui nous affecte plus profondément qu'on ne pense. Précipiter l'extinction d'espèces de toutes sortes comme nous le faisons, c'est à la fois scier méthodiquement la branche sur laquelle l'humanité est assise, mais aussi détruire, étage par étage, la plus grandiose bibliothèque d'innovations que l'on puisse imaginer – à côté de laquelle celle de l'OMPI (l'Organisation mondiale de la propriété intellectuelle) aurait tout juste rang d'étagère !

Commençons, pour nous familiariser avec les ébranlements profonds qui secouent la biosphère et nos sociétés, par quelques histoires.

Menaces sur la Grande Barrière de corail

Les récifs coralliens sont des constructions particulièrement remarquables du vivant et figurant parmi les écosystèmes biologiquement les plus riches et économiquement les plus importants de la planète. Ils ne couvrent, certes, que 0,16 % de la surface totale des océans, mais y concentrent près du tiers de la faune marine connue, avec près de 100 000 espèces. À la fois cathédrales de la mer et entreprises de fabrication de calcaire, ces hauts lieux de biodiversité fournissent aux sociétés humaines de précieux services écologiques : pêcheries, protection des côtes contre l'érosion, voire les tsunamis et autres raz-de-marée, fourniture de matériaux de construction, source encore largement inexplorée de molécules d'intérêt pharmaceutique et de modèles biologiques intéressants[1] – sans oublier les industries touristiques. Or ces précieux et magnifiques écosystèmes apparaissent dangereusement menacés[2].

Mais c'est quoi, le corail, c'est qui ? Un petit animal de rien du tout, sorte d'hydre ou de minuscule anémone de mer (les spécialistes diraient un Cnidaire). De rien du tout, mais qui, en s'associant à une micro-algue, une zooxanthelle qu'il héberge en quantité à l'intérieur même de ses cellules, a créé une symbiose des plus performantes. La zooxanthelle, comme toute algue qui se respecte, produit par photosynthèse des sucres qui nourrissent son hôte corail. En échange, celui-ci fournit à l'algue tout ce qu'il lui faut pour prospérer, notamment des composés azotés. Cette symbiose, cette transition majeure pour reprendre l'expression de Maynard Smith et Szathmáry, fut un grand succès dans l'histoire évolutive des Cnidaires, puisque des dizaines de millions d'années après cette invention, on dénombre 845 espèces de coraux à zooxanthelles. Au-delà de leur symbiose constitutive, ces coraux bâtisseurs de récifs ont permis la mise en place de nombreuses associations, les produits organiques sécrétés par le corail au sein du récif servant de nourriture à d'autres organismes, y compris des poissons. C'est tout un monde qui vit ainsi protégé dans une véritable forteresse, un écosystème en soi : le récif corallien. Constitués à partir du squelette du corail, accumulés couche après couche sur des millions d'années, les récifs sont des formations de carbonate de calcium, c'est-à-dire de calcaire, qui peuvent atteindre des épaisseurs de plus de 1 000 mètres et s'étaler jusqu'à 2 000 km de longueur comme la Grande Barrière de corail près des côtes de l'Australie.

On découvre depuis quelques années que ce qui paraissait si robuste, si puissant, défiant siècles et millénaires, est menacé – gravement menacé. Dans les quelques petites dizaines d'années qui viennent de s'écouler, pendant que l'on parlait de développement durable, 20 % des récifs mondiaux disparaissaient – et 50 % sont aujourd'hui considérés comme en danger. Que se passe-t-il donc ? À quoi est dû le « blanchissement » des coraux, dénoncé un peu partout et qui se traduit par l'expulsion de leurs algues symbiotiques et leur mort ? Les spécialistes incriminent l'amplification de l'effet de serre et ses trois composantes : l'accroissement de température (de 1 à 3 °C), l'élévation du niveau des océans et l'acidification des eaux marines superficielles. Un triple stress pour le corail, son mariage avec la zooxanthelle et la subtile physiologie du système.

Insistons sur l'acidification des eaux, phénomène bien moins médiatisé que le réchauffement climatique et pourtant très menaçant pour l'avenir des organismes marins qui « biocalcifient ». L'acidité des océans est stable depuis au moins 20 millions d'années. Et voilà qu'elle s'élève dans les eaux de surface sous l'effet d'une absorption croissante du CO_2 atmosphérique (c'est 30 % du CO_2 qui serait ainsi absorbé). De nombreuses expériences en laboratoire et dans la nature ont démontré qu'une telle acidification affectait la biominéralisation et la croissance des coraux. Une équipe australienne a produit récemment une synthèse de grande ampleur[3] sur l'évolution du phénomène le long de la Grande Barrière de corail. Elle a étudié le taux de calcification dans 328 colonies de coraux massifs du genre *Porites* de 69 récifs s'étalant le long des 2 000 km de la Grande Barrière. Les *Porites* massifs, comme d'autres coraux, croissent en précipitant l'aragonite (forme la plus courante de carbonate de calcium dissous dans l'eau de mer) en une matrice organique dans l'espace étroit entre leur tissu vivant et la surface squelettique précédemment déposée. Ces coraux sont habituellement utilisés dans les analyses chronologiques parce qu'ils présentent des bandes annuelles de croissance dont la densité est mesurable, qu'ils sont largement distribués et peuvent croître pendant plusieurs siècles, enregistrant dans leur squelette les variations de l'environnement. Que constatent De'ath et ses collaborateurs ? De forts déclins de calcification pour la période 1990-2005, enregistrés sur 189 colonies et 12 des 13 récifs analysés. Dans le cas des 10 colonies analysables sur la période 1572-2001, la calcification a crû en moyenne de 1,62 g par cm^2 et par an jusqu'en 1700 ; elle atteignait autour de 1,76 en 1850 après quoi elle se stabilisait à cette valeur jusqu'en 1960 où s'amorce un déclin. En conclusion, la croissance de ces coraux bâtisseurs de récifs a été réduite, selon les cas, de 9 à 56 %. Si ces résultats s'avéraient généralisables à d'autres coraux récifaires, alors le maintien de la structure carbonatée de ces constructions serait sévèrement compromis.

D'une manière plus générale, il apparaît que les écosystèmes coralliens sont devenus vulnérables. Affaiblis par le réchauffement et l'acidification des eaux, ils se voient ici ou là attaqués par une espèce d'étoile de mer et asphyxiés par des algues filamenteuses qui font des ravages. Ajoutez à tout cela la surexploitation humaine et la boucle est bouclée. Les coraux ne sont pas, tant s'en faut, les seuls organismes marins à fabriquer du calcaire. C'est aussi le cas de tous les êtres à coquille. C'est donc bien toute la biologie marine, c'est-à-dire le fonctionnement des océans – excusez du peu –, qui est bouleversée par les émissions de CO_2 et l'acidification des eaux qui en résulte. Ainsi, foraminifères et coccolithophores, deux groupes importants d'unicellulaires planctoniques à coquille, à la base des chaînes alimentaires marines, sont clairement affectés par ce phénomène.

Dans ce sombre panorama, toutefois, la capacité d'adaptation que la diversité confère à l'entreprise du vivant apporte une lueur d'espoir. Dans le groupe des coccolithophores, qui est un producteur de calcaire marin parmi les plus importants depuis le milieu du mésozoïque, contribuant aujourd'hui au tiers de la production totale, on a observé selon les espèces des réponses très variées à l'acidification des océans. Il a été clairement établi, par exemple, que l'espèce *Emiliania huxleyi* y répondait positivement[4].

Emiliania huxleyi, Coccolithophore modèle

Dans l'océan actuel, tout le calcaire est formé sous l'action d'organismes vivants.
Emiliania huxleyi est l'un des principaux producteurs de calcaire. C'est une algue unicellulaire microscopique, qui mesure à peine un centième de millimètre de diamètre. Elle est couverte de très élégantes

écailles de calcite, les coccolithes – d'où le nom de Coccolithophores donné au groupe auquel elle appartient.
Les coccolithes sont formées une par une au sein même de la cellule, dans une vésicule spécialisée. Une fois formées, elles sont expulsées et regroupées à la périphérie de la cellule.
Emiliania est l'une des algues les plus largement répandues, puisqu'on en trouve dans tous les océans. Aussi surabondantes en nombre que minuscules, elles sont, elles et leurs semblables, avec leur squelette externe de carbonate de calcium, à l'origine des immenses bancs de calcaire qui tapissent le fond des océans où elles s'accumulent.

Une lueur d'espoir qui ne suffit pas à renverser le diagnostic. Car si l'on regarde à l'autre extrême des réseaux trophiques marins, vers les prédateurs de sommet, on découvre une hécatombe[5], qui n'incombe plus à l'acidification des eaux mais aux ravages de la surpêche, c'est-à-dire à l'humanité ! Puisque nous avons déjà évoqué le cas des cétacés à propos de la baleine grise, tournons-nous vers les grands requins. L'effondrement de leurs populations au cours des trente-cinq dernières années, bien étudié dans les écosystèmes côtiers du nord-ouest de l'Atlantique – jusqu'à 97 % pour le requin-tigre *Galeocerdo cuvieri*, 98 % pour le requin-marteau *Sphryna ewini* et 99 % pour le requin-taureau *Carcharhinus leucas* –, favorisa la prolifération de leurs proies, des espèces plus petites de raies et d'autres requins, avec des effets en cascade complexes. Par exemple, la prédation accrue de la raie *Rhinoptera bonasus* sur sa proie, une coquille Saint-Jacques, fut suffisante pour mettre un terme à une pêcherie séculaire.

Ainsi, c'est bien l'ensemble des écosystèmes marins qui est profondément ébranlé, ses réseaux trophiques démaillés, ses espèces bouleversées : demandez aux pêcheurs, aux grands navigateurs, sinon aux baleines ou aux morues de Terre-Neuve[6]. L'ensemble des mers, ça veut dire 71 % de la surface de la Terre…

Les choses ne vont pas mieux pour les écosystèmes terrestres, les forêts tropicales en sont le porte-parole le plus éloquent.

Les forêts tropicales éparpillées façon puzzle

Commençons par deux exemples. Et d'abord le récit de la déforestation à Singapour et de ses conséquences biologiques.

Depuis la première installation des Britanniques à Singapour (île de 618 km² à la pointe de la péninsule malaise), en 1819, plus de 95 % des 540 km² de végétation primitive ont été totalement défrichés. De la forêt qui subsiste encore, environ 24 km², 10 % à peine, sont de la forêt primaire. On dispose pour cette région du monde d'inventaires faunistiques et floristiques historiques. Par confrontation à des recensements récents effectués par son équipe, l'écologue australien Barry Brook, de l'université de Darwin, a pu estimer les extinctions locales survenues en 183 ans, suite à la déforestation à grande échelle[7].

Par souci d'efficacité et de rigueur, l'échantillonnage des peuplements actuels a été focalisé sur des groupes taxonomiques relativement bien étudiés : plantes vasculaires, crustacés décapodes d'eau douce (écrevisses), papillons, poissons, amphibiens, reptiles, oiseaux et mammifères. D'autre part, de manière à reconstituer la faune primitive de Singapour de 1819, il a fallu compléter les premiers recensements fiables réalisés dans les années 1870 (alors qu'une large fraction de l'île avait déjà été déboisée) à partir de listes établies pour la péninsule malaise voisine. Sur 3 996 espèces ainsi recensées, 881 s'étaient éteintes, soit 28 %. Les groupes les plus affectés – avec des taux d'extinction compris entre 34 et 48 % – sont les papillons, les poissons, les oiseaux et les mammifères – qui sont aussi les plus visibles et les mieux connus. À l'opposé, amphibiens et reptiles ont peu souffert de la déforestation massive, avec des taux d'extinction compris entre 5 et 7 %. Les plantes, comme les crustacés, affichent des taux d'extinction intermédiaires, à hauteur de 25 %.

Une analyse plus fine montre en outre que la plus grande part des extinctions ont frappé les espèces inféodées à des habitats forestiers : 33 % des espèces forestières ont disparu, contre 7 % seulement dans le cas des espèces à plus large tolérance. Ces extinctions liées à la spécialisation vis-à-vis de l'habitat furent particulièrement sévères pour les poissons, les oiseaux et les mammifères, qui perdirent respectivement 53, 67 et 59 % de leurs espèces forestières – à comparer aux taux de 0, 11 et 13 % pour leurs congénères d'habitats ouverts. Bref, on peut parler d'extinction en masse (ici à l'échelle locale de Singapour), mais on relève avec intérêt la diversité des réponses enregistrées, selon les groupes considérés et leurs spécificités écologiques.

Ce n'est pas seulement de la réduction de leur surface, donc d'espace habitable pour les faunes et flores forestières, que souffrent les forêts tropicales comme beaucoup d'autres milieux terrestres : c'est aussi de la fragmentation. On l'illustrera ici par l'exemple suivant. Les coléoptères coprophages sont des espèces clefs de voûte dans les écosystèmes forestiers du fait de leur activité d'enfouissement des fèces et des cadavres, source de nourriture pour leurs larves. Les nutriments sont alors recyclés plus rapidement et les populations de parasites de vertébrés qui séjournent dans les excréments et les cadavres sont tuées, ce qui réduit la propagation de maladies au sein des peuplements de vertébrés. Enfin, les graines contenues dans les excréments d'animaux frugivores sont enfouies de telle manière que leur germination est facilitée, ce qui favorise l'établissement de nouvelles plantes.

Afin d'étudier les effets de la fragmentation des forêts sur les peuplements de coléoptères coprophages, les chercheurs ont travaillé sur des fragments de différentes tailles établis quelques années auparavant en Amazonie brésilienne dans le cadre d'un vaste projet d'expérimentation sur la fragmentation. Les coléoptères ont été piégés dans des fragments forestiers de 1 ha, de 10 ha et dans un massif forestier continu aussi bien que dans les zones éclaircies. Il ressort de cette prospection que les petits fragments de forêt ont moins d'espèces de coprophages, des densités de populations plus faibles et des espèces de plus petite taille que la forêt intacte. En relation avec cet appauvrissement qualitatif et quantitatif, les excréments sont décomposés plus lentement dans les petits fragments forestiers.

Plusieurs raisons expliquent ce résultat : les vertébrés dont dépendent ces bousiers ont de plus faibles densités dans les petits fragments, d'où une diminution des ressources alimentaires pour les bousiers ; le microclimat des petits morceaux de forêt est plus chaud et plus sec que celui de massifs forestiers continus et peut devenir défavorable au développement larvaire des bousiers ; beaucoup d'espèces de coprophages sont présentes à de basses densités de populations, ce qui peut les conduire, dans les fragments isolés, à l'extinction, du simple fait de fluctuations au hasard de leurs effectifs. Si les zones défrichées agissent comme barrière à la dispersion, alors les fragments ainsi isolés ne seront pas recolonisés à partir des massifs forestiers proches. Cette étude a montré non seulement que les coléoptères coprophages sont affectés par la déforestation et la fragmentation, mais aussi que la régression des populations de bousiers peut avoir de vastes effets sur les interactions au sein de toute la communauté vivante et sur les processus écosystémiques.

Hauts lieux de biodiversité s'il en est, les forêts tropicales sont aussi des entreprises majeures pour le cycle du carbone ou le cycle de l'eau, c'est-à-dire pour la régulation du climat. Le pillage qu'elles subissent – et que l'appétit de nos voitures menace d'aggraver, avec ces plantations industrielles que l'on y substitue pour produire des agrocarburants – menace bien plus que leurs faunes et leurs flores : ce sont aussi les humains qui y vivent et qui pourraient en vivre durablement, qui paient les conséquences de cette destruction inconsidérée.

La gent batracienne aux abois

De tous les groupes d'organismes connus, l'un des plus, sinon le plus, menacés, est celui des amphibiens, grenouilles, tritons et autres salamandres[8] : selon les spécialistes, plus d'un tiers des espèces d'amphibiens de la planète sont menacées d'extinction.

Ces sympathiques animaux qui vivent, à des degrés divers, entre la terre et l'eau ont terriblement besoin de milieux aquatiques, ne serait-ce que pour y pondre leurs œufs ou y déposer leurs têtards quand les œufs bénéficient de soins particuliers : pondus dans des nids d'écume accrochés dans la végétation qui surplombe une mare comme chez diverses rainettes tropicales ; portés sur le dos du mâle chez les crapauds accoucheurs… quand ce n'est pas dans la bouche, voire l'estomac comme chez ces *Rheobatrachus* d'Australie dont nous avons déjà évoqué le triste destin. Quelle imagination, quelle inventivité ! C'est ça, la biodiversité. Et sur ce registre, pour vous familiariser davantage avec ce monde extraordinaire des amphibiens, sachez que certaines lignées ont même su s'affranchir complètement du milieu aquatique – sinon de l'humidité (il n'y a pas de vie sans eau !). C'est le cas, par exemple, de ces petits crapauds d'Afrique tropicale du genre *Arthroleptis* qui pondent leurs œufs directement dans le sol, des œufs suffisamment riches en réserves nutritives, pour permettre un développement direct – sans passage par un stade larvaire comme la grande majorité de leurs congénères. Des nids enfouis dans le sol de la forêt émergent de petits *Arthroleptis* semblables à leurs parents ! C'est le cas aussi de cette extraordinaire petite grenouille vivipare du genre *Nectophrynoïdes* qui vit dans la prairie au sommet du mont Nimba, aux confins de la Guinée, de la Côte d'Ivoire et du Libéria. Un sommet de montagne exploité pour son fer : encore une merveille de l'évolution menacée de disparition ! Destruction des forêts, assèchement des mares et zones humides, pollution des eaux – la vie est devenue très dure pour le peuple des grenouilles et ce n'est pas la faute de la grue qu'elles auraient prise pour roi, comme nous l'a raconté La Fontaine : c'est la nôtre !

Tel est le lot de tous les vivants non humains qui nous environnent. Le tragique, dans le cas des amphibiens, c'est qu'un diable particulier est entré dans la danse, favorisé, semble-t-il, par le réchauffement climatique que nous avons enclenché : *Batrachochytrium dendrobatidis*, champignon filamenteux épris de batraciens, comme son nom l'indique ! Cet agent pathogène, favorisé par l'accroissement des températures, est devenu un fléau pour la gent batracienne – peut-être déjà fragilisée par les stress environnementaux divers que nous lui faisons subir. Cela permet de comprendre pourquoi des espèces vivant dans des espaces protégés de montagnes du Costa Rica telles que la Grenouille arlequin de Monteverde ou le Crapaud doré se sont récemment éteintes – comme 110 espèces du genre *Atelopus*, espèces endémiques des tropiques américains, victimes de *Batrachochytrium dendrobatidis*.

Du tissu vivant qui se déchire...

La crise d'extinction que nous vivons, quoique de nature différente des extinctions en masse des temps géologiques, est bien réelle, profonde, préoccupante : nos rapides incursions dans les mondes marins, au détour des forêts tropicales et chez le gentil peuple des grenouilles, rainettes et autres salamandres, l'ont pleinement illustré. Mais que signifient les proclamations chiffrées que l'on a pu entendre ici ou là, dans le style « 40 000 espèces disparaissent chaque année »[9] ? Quel crédit y accorder ?

Réduire le phénomène de dégradation du tissu vivant planétaire – ou d'érosion de la biodiversité, comme on dit dans les textes officiels – à la stricte disparition d'espèces est en effet critiquable. Certes, l'extinction d'une espèce est un fait irréversible, donc majeur. Mais du point de vue de la compréhension de ce qui se passe, pour nous tous et non les seuls spécialistes, comme pour les actions à entreprendre, cette stratégie basée sur le décompte des morts nous semble contre-productive. Une stratégie du monument aux morts, de la collection de timbres à l'effigie des chers disparus : Aurochs, ancêtre de nos bovins domestiques, encore chassé par Charlemagne dans les forêts près d'Aix-la-Chapelle, éteint au XVIIe siècle – le dernier individu abattu par le roi de Pologne en 1627 ; Dodo, gros pigeon terrestre des îles de l'océan Indien, éradiqué au XVIIe siècle lui aussi ; Rhytine de Steller, « vache marine » de l'ordre des Siréniens, mangeuse d'algues des côtes du Pacifique, du Japon à la Californie, éteinte en 1768... et Dauphin de Chine ou Baiji, dont la disparition quasi certaine a fait la Une des journaux en 2008. On attend l'avis de décès du Gavial du Gange, dont il ne subsisterait plus que 200 individus. Certes, recenser les espèces éteintes est nécessaire et utile. Mais il faut aller au-delà, voir plus large... et promouvoir l'action : il n'y a d'irréversibilité qu'une fois la dernière femelle décédée. Il faut donc intervenir avant !

De quelles sources d'informations dispose-t-on dans ce domaine ? Elles sont de trois types : les enregistrements d'extinctions avérées, comme nous venons de le voir ; les listes rouges de l'UICN (Union internationale pour la conservation de la nature), qui attirent l'attention sur les espèces en danger ; et ce qu'on appellera ici les suivis de la dynamique de la biodiversité.

Les recensements d'extinctions, plus délicats qu'il n'y paraît (car il est difficile de prouver que quelque chose n'existe plus), ne sont envisageables ou utiles que pour les groupes bien connus et pour lesquels on dispose des connaissances nécessaires, et auxquels s'intéressent des spécialistes professionnels ou des amateurs éclairés. C'est le cas pour les vertébrés et les plantes supérieures. Ainsi a-t-il été possible de produire récemment un état des mammifères du monde[10], qui recense 76 espèces disparues depuis 1500 et avance que 25 % de tous les mammifères (1 139 sur 5 487) sont menacés d'extinction (96 % pour les espèces marines). Précisant même que 188 espèces sont en danger critique, c'est-à-dire exposées à une haute probabilité d'extinction.

L'exercice qui consiste à évaluer l'état des populations animales et végétales, et à classer ensuite les espèces en fonction de leur degré de vulnérabilité, est à la base des listes rouges de l'UICN. C'est ce type de travail qui a permis d'avancer les chiffres ci-dessus à propos des mammifères. Cette approche est beaucoup plus riche que le seul recensement des « victimes de guerre » car elle sert d'appui à l'action et nourrit les stratégies de conservation de la nature, conformément à la vocation de cette grande organisation internationale dont la France et l'Union européenne sont membres.

Restent enfin les approches du troisième type, plus lourdes mais qui nous placent au cœur des phénomènes, sortes d'observatoires de la dynamique de la biodiversité. Suivre toutes les populations d'êtres vivants, à l'échelle d'une région, d'un pays ou du monde est totalement impossible. Dans la pratique, on cible sur un groupe particulier. Prenons le cas des oiseaux. Leur visibilité, leur diversité écologique, la bonne connaissance que l'on en a, l'abondance des spécialistes et la vitalité des réseaux d'amateurs compétents en font d'excellents candidats pour jouer le rôle de bons indicateurs de l'état de la biodiversité et, du même coup, de la santé des écosystèmes – du tissu vivant dont ils constituent un réseau représentatif.

Nous évoquerons, à titre d'exemple concret, le programme de suivi temporel des oiseaux communs (STOC), développé et coordonné en France par le Centre de recherches sur la biologie des populations d'oiseaux (CRBPO) du Muséum national d'histoire naturelle de Paris. Mis en place en 1989, le programme STOC, qui bénéficie de la participation et du soutien de la LPO (Ligue pour la protection des oiseaux) et du ministère en charge de l'Écologie, a pour objectif d'évaluer et suivre l'état des peuplements d'oiseaux à l'échelle de notre pays, dans tous les milieux et toutes les régions. Pour ce faire, un réseau de mille ornithologues bénévoles est mobilisé chaque année : les recensements qu'ils effectuent permettent ensuite d'estimer les effectifs de la centaine d'espèces suivies – cela va de l'alouette des champs au faucon crécerelle en passant par le rougegorge et la pie bavarde.

En l'espace de vingt ans on observe un déclin important du peuple des oiseaux – il ne s'agit pas encore d'extinction d'espèces, entendons-nous bien, mais d'amenuisement des populations –, et celui-ci atteint en moyenne 20 % dans les espaces agricoles auxquels on s'est beaucoup intéressé dans cet ouvrage et qui sont les plus sinistrés. C'est, plus généralement, le cas des espèces « spécialistes », c'est-à-dire inféodées à des habitats particuliers ou un type de ressources alimentaires bien défini, telles le martinet noir, l'hirondelle de fenêtre ou le tarier des prés – qui a perdu 76 % de ses effectifs. À l'opposé, les espèces « généralistes », tels le pigeon ramier, l'étourneau ou la mésange charbonnière, ont vu leurs populations croître de 20 % en moyenne – ce qui veut dire que les peuplements se banalisent. La mondialisation touche aussi les peuplements d'oiseaux, entre autres, qui tendent ainsi à s'uniformiser comme les périphéries commerciales des grandes villes du monde ! Ce suivi montre aussi qu'il y a une remontée générale des populations d'oiseaux vers le nord de l'ordre, en moyenne, de 100 km en vingt ans. Ces résultats sont confirmés par des suivis similaires effectués en Grande-Bretagne ou aux Pays-Bas sur des oiseaux et des papillons. En d'autres termes, ce type de suivi traduit le fait que la biodiversité en Europe de l'Ouest est sous la double influence négative des changements climatiques et des changements d'usage des terres – ce que d'autres recherches permettent de préciser tout en approfondissant l'analyse.

Comprenons qu'un tel indicateur va bien au-delà d'un simple diagnostic « oiseaux ». L'ensemble qui est ainsi suivi regroupe des carnivores et des insectivores, des granivores et des piscivores, des espèces de forêts et des espèces de zones humides, etc., et s'attache à leurs fluctuations d'abondance, c'est-à-dire d'importance dans le fonctionnement des systèmes auxquels ces divers groupes appartiennent. Bref, il donne une image de l'état de santé des écosystèmes et milieux dans lesquels nous vivons. Nous ne sommes plus dans la simple liste d'espèces mais bien dans ce tissu vivant dont nous traitons ici.

Analysons la dynamique qui est derrière ce grand démaillage des réseaux trophiques de la planète, véritable pillage de la bibliothèque du vivant. Pour comprendre, préciser le diagnostic, identifier les responsables, et concevoir des stratégies de redressement efficaces. Penchons-nous d'abord sur ce qu'il faut bien appeler l'écologie des extinctions : comment, par quels mécanismes, *dans le monde d'aujourd'hui*, des espèces en viennent à disparaître ? Une espèce disparaît lorsque ses effectifs, après s'être amenuisés, atteignent la valeur fatidique et irréversible de zéro. C'est-à-dire, par définition, quand il ne subsiste plus aucun individu vivant.

On s'accorde aujourd'hui, pour analyser la crise d'extinction actuelle, à reconnaître cinq grands types de causes :

1. la dégradation des habitats – ce qui englobe aussi bien leur destruction proprement dite (déforestation, assèchement des zones humides ou des milieux aquatiques) que leur morcellement ou leur pollution ;
2. la propagation d'espèces hors de leur aire d'origine et qui deviennent envahissantes, « effaçant » les espèces autochtones par compétition, prédation ou l'aide d'agents pathogènes ;

3. la surexploitation, qu'il s'agisse de chasse, de pêche ou de récolte par prélèvement ;
4. l'effet cascade, qui résulte de l'extinction d'une espèce clef de voûte, par exemple – plante pivot de tout un réseau trophique ou prédateur à vertu régulatrice ;
5. le réchauffement climatique.

Ces cinq groupes de facteurs agissent souvent de manière interdépendante. Ainsi, les ravages imputés aux espèces envahissantes peuvent être dus ou amplifiés par la dégradation des habitats naturels et la déstabilisation des communautés biologiques qui y vivent – et par le réchauffement climatique.

Enfin, est-il nécessaire de souligner que l'ensemble de ces causes est la conséquence des activités voraces de nos sociétés – quoique, réchauffement climatique excepté, cela ait commencé il y a plusieurs dizaines de milliers d'années.

L'extinction de la mégafaune terrestre à la fin du pléistocène

Pendant la majeure partie des deux derniers millions d'années la Terre a traversé une ère glaciaire, passant successivement par des périodes de froid intense et des périodes interglaciaires plus chaudes. Appelée pléistocène par les géologues, cette époque s'est achevée il y a 12000 ans, lorsque a commencé l'époque récente, l'holocène.

Chaque alternance entre phases glaciaires et interglaciaires fut marquée par des changements de paysages, caractérisés par des altérations profondes des peuplements végétaux dominants puis, très logiquement, des communautés animales qui en dépendaient.

Dans cette dynamique générale, un phénomène particulier a retenu l'attention et soulevé force débats : les grandes espèces, et spécialement les grands mammifères (d'un poids supérieur à 45 kilos), apparurent particulièrement vulnérables. On assista, de fait, à l'extinction de la mégafaune : mammouths, mastodontes, dinothériums et autres diprotodons disparurent. Cette vague d'extinction qui – partout sauf en Afrique – entraîna dans son sillage la majeure partie de la grande faune s'accéléra à la fin du pléistocène, alors que les glaciers entamaient leur dernier repli. En Amérique, par exemple, se produisit entre 12000 et 10000 ans avant J.-C. une brève et catastrophique chute de la faune, au cours de laquelle s'éteignirent 57 espèces de grands mammifères. Si la coïncidence de leur disparition avec la transition entre glaciation et un âge interglaciaire conduisit d'abord à incriminer le changement climatique (déjà !), divers auteurs en vinrent rapidement à montrer du doigt l'homme et ses hordes de chasseurs. La polémique n'est pas close. Il est vraisemblable que si l'homme a pu jouer un rôle marquant dans cette extinction, ce fut sur une faune déjà affaiblie par les changements climatiques et les modifications consécutives du paysage végétal. Dans le cas de l'Australie cependant, où le phénomène est observé en dehors de tout changement climatique, il est difficile d'absoudre l'homme de sa responsabilité et de ne pas dénoncer les effets de la chasse ou de la destruction progressive des habitats par les groupes humains. De fait, moins de 10000 ans après la colonisation de ce continent par notre espèce (vers - 55000 ans), 23 des 24 genres endémiques de mammifères, d'oiseaux et de reptiles pesant plus de 45 kilos avaient entièrement disparu – alors que le climat régional était resté stable et favorable à ces espèces. Il faut noter pour finir que la suspicion qui pèse sur la responsabilité de notre espèce a été singulièrement renforcée par les extinctions de faune enregistrées dans la période historique à Madagascar, en Nouvelle-Zélande et dans les îles en général. Ainsi, la colonisation préhistorique d'îles des océans Pacifique et Indien, il y a 1000 à 2000 ans, par les hommes et leur cortège d'espèces associées – rats, chat, chiens, chèvres, cochons –, est certainement à l'origine de l'extinction du quart environ de l'avifaune mondiale et, d'une manière générale, de beaucoup d'espèces de grande taille d'oiseaux, de mammifères et de reptiles. Ce sont bien les Maoris qui, avant l'arrivée des Européens, détruisirent les Moas, ces immenses autruches endémiques de Nouvelle-Zélande. Et les Malgaches qui firent le même sort, entre autres grands lémuriens, hippopotames et tortues géantes, aux fameux *Aepyornis*, ces oiseaux géants non volants mesurant jusqu'à 3 mètres de haut et atteignant 500 kilos.

Ainsi, derrière cette crise d'extinction, se profile l'ombre d'*Homo sapiens*, espèce invasive s'il en fut !

… Au grand démailleur en chef

Comment en est-on arrivé là ? Écoutons le philosophe Dominique Bourg[11] : « Le désir d'une maîtrise et d'une domestication de la nature est probablement un vieux fantasme qui aura hanté les recoins de l'imaginaire collectif depuis des temps immémoriaux. Mais la philosophie moderne, notamment celle d'un Bacon ou d'un Descartes, l'a placé au centre de la conception depuis lors dominante de nos relations à la nature. Cette philosophie flamboyante a elle-même fini par se convertir en mépris ordinaire et routinier de la nature. Ainsi, on peut voir dans l'idéologie économique une interprétation et une récapitulation tant de l'héritage des siècles antérieurs au christianisme que celui, tout juste légué par la science moderne, d'affirmation, soutenue par l'un comme par l'autre, d'une extériorité de principe de l'homme à la nature. » Voilà pourquoi nous en sommes là ! Parce que l'espèce humaine s'est approprié la totalité de la Terre et de ses ressources dans une course effrénée à la consommation et que, simultanément, elle divorçait d'avec le reste du vivant, d'avec la nature. Ce constat d'une domination du monde par *Homo sapiens* a conduit le Prix Nobel de chimie Paul Crutzen à appeler *Anthropocène* cette ère commencée il y a quelque 300 ans avec la révolution thermo-industrielle…

Mais parler d'*appropriation*, c'est aller plus loin : c'est mettre le doigt sur un basculement décisif dans l'histoire des relations entre les humains et le reste de la biosphère – voire entre certains humains et tous les autres. Un basculement qui a conduit à l'expansion économique du monde occidental. Le mettre en lumière, c'est dévoiler la partie cachée de cet apparent succès, sa dépendance étroite, profonde, vis-à-vis du vivant, de tout le vivant. Là est le grand paradoxe : alors que nous sommes entrés dans ce que Jeremy Rifkin appelle le « siècle biotech[12] », nous démantelons gaillardement ce patrimoine, ce précieux capital vivant, comme si on n'avait rien compris.

4. L'appropriation du monde

> « Enfin la loi de la propriété, cette loi contraire à la religion, est la source de toute la misère de l'homme ; c'est elle qui met ce roi de la nature le plus souvent au-dessous de nous. »
>
> Nicolas Restif de La Bretonne,
> *Lettre d'un singe aux animaux de son espèce.*

« Un monde dominé par l'Homme », titrait un numéro spécial de la revue *Science* en 1997. Sur la couverture, une immense silhouette humaine comme effaçant la Terre. Ainsi, en cette fin de XXe siècle petit *Homo sapiens* serait enfin devenu grand : pleinement conscient, non seulement de son succès planétaire, mais en même temps de l'ampleur de son empreinte sur les écosystèmes de la planète et des responsabilités que cela lui confère par rapport à tous ses congénères présents, passés et à venir. C'est le futur de l'espèce même qui serait en jeu dans le devenir de la biosphère ainsi appropriée. En 1991, la Société américaine d'écologie, sous la plume d'un collectif animé par Jane Lubchenco, publiait son « Initiative pour une biosphère soutenable » : les sciences écologiques y sont appelées à élargir leurs perspectives, à se mobiliser pour contribuer *avec d'autres sciences* à la compréhension de ce que « soutenabilité » ou « développement durable » veulent dire et impliquent pour la société des humains que nous sommes. Parallèlement, dans la mouvance de la Commission des Nations unies pour l'environnement et le développement, se tient en 1990 la première conférence internationale sur ce qu'on appelle maintenant l'écologie économique, ouvrant explicitement un espace de rencontre où sciences écologiques et sciences de la société se (re)découvraient. C'est également en 1990 que se crée l'Association internationale pour l'étude des communaux (IASC). Cette mobilisation devait aboutir, entre 2000 et 2005, à l'évaluation des écosystèmes pour le millénaire (Millennium Ecosystem Assessment).

Examinons quelques aspects de cette avide appropriation du monde par laquelle, entraîné dans une fantastique accélération du temps qui le dépasse, *Homo sapiens* se trouve aujourd'hui confronté aux limites que lui impose la biosphère.

Petite histoire des modes d'appropriation

« Le premier qui enferma son champ derrière une clôture et s'écria : c'est à moi !, celui-ci en même temps qu'il inventait la propriété condamnait le monde aux malheurs » (Jean-Jacques Rousseau). On ne sait pas bien de quand date la propriété privée au sens du droit dit « romain », dont la définition tient en trois mots : *usus, fructus, abusus*, le droit d'en user, d'en tirer les fruits et d'en abuser. On sait qu'elle est tardive et que son transfert des choses au foncier ne s'est jamais totalement accompli. Dans le monde romain lui-même, le *res communes* l'emporte amplement sur les autres formes de propriété. L'histoire de l'appropriation montre la grande diversité, la résilience et la pertinence des formes d'appropriation de la « nature ». L'IASC a multiplié recherches et résultats sur la portée et les limites des diverses formes d'appropriation. Ces recherches sont à l'origine du prix Nobel d'économie attribué à Elinor Ostrom, figure de proue de l'IASC.

S'approprier une chose, un paysage, un écosystème, un savoir est d'abord une opération symbolique, l'élaboration d'une représentation de ce que l'on s'approprie. Selon que je ne vois, ne perçois, que des choses à la disposition de mon seul bon vouloir, ou au contraire que je me perçois comme faisant partie de ce que je vois, ma façon de

« l'habiter », de m'y insérer ou de m'en servir ne sera pas du tout la même. Dans le premier cas, rien d'étonnant à ce que les écosystèmes soient simplifiés, homogénéisés, artificialisés ; dans le second cas, rien d'étonnant à ce que les humains se glissent dans l'écosystème pour en retirer des biens et des services sans remettre en cause sa pérennité. Ces représentations symboliques ont un impact direct sur la réalité de l'action des humains parmi les non-humains.

Ainsi au Cameroun...

La loi forestière camerounaise définit des forêts villageoises, qu'il s'agit de délimiter. Dans la grande forêt de l'est du Cameroun, les géomètres ont délimité un premier terroir villageois, puis un second, mitoyen, pour découvrir que les deux terroirs se recouvraient partiellement au lieu d'être disjoints... Accompagnés des Anciens des deux villages, ils refirent la délimitation des deux terroirs, qui se recouvraient effectivement, alors que les deux villages précédents avaient des frontières définies. La raison tenait aux usages matrimoniaux : la frontière est claire entre villages qui ne se marient pas entre eux. Dans le cas inverse, la zone de recouvrement est le lieu où s'affirment les alliances entre les deux villages. La « nature » est bien ici le miroir des relations entre humains. Les deux communautés villageoises vont jusqu'à différencier leurs prélèvements dans la zone commune, les fruits, tubercules ou champignons collectés par chaque village étant différents. Et lorsqu'une femme d'un village part habiter chez son mari, elle adopte le mode de collecte du village de sa belle-famille.

En France, il est une fausse vérité qui voudrait que, sous l'emprise du Code napoléonien, il n'existe que de la propriété privée. En fait au moins un dixième du territoire relève de règles communes d'appropriation. Plus encore, les ressources non inféodées à un espace donné font l'objet d'une appropriation collective. Ainsi en va-t-il des ressources cynégétiques, sauf exception. Les ressources halieutiques, l'eau, sont également en ressources communes, comme la plupart des pâturages dans le monde.

Même sur des terres privées peuvent s'exercer des activités de vaine pâture, par ailleurs encore bien vivantes en Angleterre. L'Écosse s'est proclamée « en accès libre » : dans le respect des droits de propriété, l'intégralité de l'Écosse doit être accessible à chacun. En petite Camargue, les étangs de Scamandre sont propriété communale depuis le XVe siècle et les communes de Saint-Gilles et Vauvert ont résisté à travers les siècles aux tentatives d'assèchement, aussi bien d'Henri IV que de Louis XIV ou d'Edgard Pisani. Dans le Valais suisse, la plupart des vallées sont ainsi appropriées : le bas-fond cultivé est en propriété privée, les forêts et alpages étant en propriété communale, avec diverses modalités d'allotissement des droits de coupe et de pâture.

La voracité d'un développement déraciné

Ainsi, après une longue phase de développement lent et discret, les rapports des humains avec le reste de la biosphère auraient radicalement changé au cours des trois derniers siècles écoulés. Au point, on l'a dit, que le géochimiste Paul Crutzen ait pu proposer en 2002 d'appeler *anthropocène* cette nouvelle époque géologique marquée par la domination des sociétés humaines sur l'écologie et la géologie de « notre » planète – légitimant du même coup le « notre » à propos d'un monde qui appartient pourtant tout autant à des dizaines de millions d'autres espèces !

Cette proposition repose sur toute une série de constats convergents, régulièrement repris depuis[1] : l'expansion de l'humanité, à la fois en effectifs et en exploitation par tête des ressources de la planète, a été stupéfiante ; en trois siècles, la population a été multipliée par dix, comme l'urbanisation au cours du seul dernier siècle ; en quelques siècles les hommes auront virtuellement épuisé les réserves de combustibles fossiles constituées par la biosphère au long de plusieurs centaines de millions d'années ; l'utilisation de l'énergie a été multipliée par seize au cours du XXe siècle ; chaque année on libère dans l'atmosphère 160 millions de tonnes de dioxyde de soufre, soit plus du double des émissions naturelles de SO_2 ; environ 40 % des terres ont été transformées ; l'épandage d'engrais azotés de synthèse a plus que doublé la fixation naturelle d'azote par les écosystèmes terrestres de la planète ; plus de la moitié des ressources en eau douce accessible sont utilisées par les sociétés humaines ; les concentrations de plusieurs gaz à effet de serre ont été significativement accrues dans l'atmosphère (de plus de 30 % pour le CO_2, de quelque 150 % pour le méthane), et la biodiversité s'effondre.

Comment a-t-on pu en arriver là ? À la suite d'un divorce… qu'introduit bien Étienne Klein : « C'est grâce à la séparation que nous avons installée entre nature et culture que notre science est devenue si efficace. Mais c'est à cause d'elle que la nature, finalement traitée comme si elle était à notre seule disposition, s'est peu à peu abîmée. Sans vergogne, nous l'avons marquée d'une empreinte irréversible, oubliant qu'elle était poreuse, réactive, fragile. Alors, en ces temps où elle semble se retourner contre nos assauts, où nous nous inquiétons du changement climatique, de la raréfaction des ressources fossiles, de la dégradation de la biodiversité, nous devons nous poser cette question : n'est-ce pas notre conceptualisation de la nature, fondée sur l'idée que nous serions autonomes par rapport à elle, qui avait préparé le terrain ? le terrain qui a rendu possible d'abord l'exploitation de la nature, puis son asservissement[2] ? »

Mais aussi, explique le philosophe François Flahault, parce que « les humains n'aiment pas se plier à des limites. D'abord parce qu'ils appartiennent au règne des vivants et que toute forme de vie tend à sa propre expansion, puisant dans les ressources que lui offre son environnement au risque de les épuiser. Ensuite parce que, chez les humains, la conscience de soi s'est développée au point que chacun d'eux – chacun de nous – se vit comme quelque chose d'absolu[3] ». D'où cette « démesure humaine » et ses quatre erreurs fondamentales : la croyance que l'homme ne fait pas partie de la nature ; la conviction que, là où il y a rationalité, il n'y a pas risque de démesure ; le déni de l'interdépendance humaine, couplé à l'illusion propre à notre culture occidentale selon laquelle « l'être véritable de l'individu n'est pas fait de la même étoffe que la vie sociale ». Citons encore Restif de La Bretonne, ou plutôt la *Lettre d'un singe* : « Les hommes se servent de leur raison pour imaginer tout ce qui est le plus propre à les rendre malheureux. »

Le champ des bouleversements environnementaux, créés ou rendus possibles par ce qu'il faut bien appeler le divorce consommé entre l'Homme moderne et la Nature, dépasse le projet de ce livre. On ne s'intéressera ici qu'à cette interface majeure entre humains et non-humains qu'est l'agriculture.

De l'agriculture à l'agro-industrie

Longtemps la dépendance de l'agriculture vis-à-vis de la nature fut considérée comme une caractéristique consubstantielle à cette activité – activité d'ailleurs tout aussi fortement imprégnée par et imprégnant les *cultures* des sociétés qui s'y adonnèrent : l'agri-culture mérite bien son nom. Comme l'explicite la citation ci-dessous.

Du champ au système agricole : toute une culture !

« Aucun mode de culture n'existe de façon isolée. Au sein des multiples formes agricoles existantes ou ayant existé, chacune d'elles s'associe à d'autres dans la gestion logique et raisonnée d'un territoire par une communauté humaine. En Mélanésie, on observe ainsi, dans un même espace géré par un même groupe social, une tarodière irriguée à côté d'un jardin d'ignames sur défriche brûlis, d'une plantation de cocotiers et de plates-bandes maraîchères. L'ensemble forme ce que l'on appelle un système de cultures. Comme l'ont écrit Mazoyer et Roudart (1997), il s'agit d'ensembles organisés dépendant tout à la fois de l'écosystème qui les soutient et du système social qui les gère, l'un et l'autre ne pouvant être que particuliers à un moment donné et dans un lieu donné. L'écosystème comprend lui-même des éléments divers, et le système social présente toutes sortes de facteurs qui interagissent : type d'outillage, modes d'accès à la terre, statut social des producteurs, organisation politique, utilisation finale de la production agricole[4]. »

La révolution agricole s'est appuyée sur la capacité de production de certaines plantes et de quelques animaux pour orienter et cultiver cette activité naturelle à notre profit. Que l'on ait transformé ces espèces par le processus de domestication ne change rien au fait qu'il s'agit bien là d'éléments de la biodiversité – et la sélection *artificielle* que cela traduit n'est jamais qu'une composante de la sélection naturelle, celle que nous, *Homo sapiens*, exerçons, volontairement ou non : en quoi ne serait-ce pas *naturel* ?

Pourtant il est classique d'opposer agriculture et nature. Et de dénoncer la première comme cause majeure d'effondrement de la biodiversité. Ce qui est partiellement vrai. Que penser de tout cela ? D'abord que tous ces types de raisonnement souffrent de ne s'appuyer que sur des singuliers qui trahissent la réalité : *la* biodiversité ; *l'*agriculture. La biodiversité est multiple et *les* agricultures aussi diverses que nombreuses, nous y reviendrons parce que l'avenir est là. Car l'agriculture n'est qu'une des façons pour les humains de trouver leur place au sein de la biodiversité. Elle est une ingénierie des écosystèmes.

Mais si on en est venu à cet étonnant singulier pour parler d'agriculture, c'est d'abord parce que l'on ne perçoit celle-ci, aujourd'hui et pour demain, que sous les traits de l'agrochimie industrielle. Une agriculture moderne, scientifique – donc de progrès, n'est-ce pas ? Après avoir fait ses armes dans la conquête de l'Ouest américain, et quelques ravages qui marquèrent l'histoire de l'écologie en contribuant à l'émergence de cette science aux États-Unis, elle s'imposa aussi en Europe après la Seconde Guerre mondiale pour répondre aux besoins de sécurité alimentaire des divers pays et du monde. En s'adossant à la puissance de la chimie, au développement d'une agronomie moderne et à une sélection variétale performante, cette agriculture occidentale a rempli son contrat en produisant de plus en plus : « au XXe siècle, les gains de productivité provenant de la deuxième révolution agricole ont été si énormes qu'ils ont entraîné une baisse très importante des prix réels de la plupart des denrées agricoles, et que le rapport de productivité du travail entre l'agriculture manuelle la moins productive du monde et l'agriculture motorisée et mécanisée la plus productive a cinquantuplé, passant de 1 contre 10 au début du siècle à environ 1 contre 500 aujourd'hui », précisent Mazoyer et Roudart[5] ; ce fut la « révolution verte ». Cette évolution de l'agriculture, et cela de façon accélérée durant la seconde moitié du XXe siècle, a été marquée par son intégration dans un système agro-industriel et alimentaire qui, d'une certaine manière, l'éloignait de ses bases écologiques et de ses liens avec la biodiversité aussi bien sauvage que domestique (culturelle, devrait-on dire). Une telle industrialisation de la production alimentaire, végétale et animale, est basée sur l'intensification des systèmes de culture et d'élevage, qui favorise le développement de grandes plantations monospécifiques, voire monoclonales (constituées d'individus issus d'un même clone), exigeant le recours à des engins motorisés (tracteurs, motopompes) et des intrants chimiques (engrais, herbicides, fongicides, insecticides, etc.) – et suscitant les défrichements agricoles de « fronts pionniers », souvent au détriment de la grande forêt tropicale comme en Amazonie brésilienne ou en Indonésie, mais aussi l'utilisation exclusive d'un très petit nombre de variétés à haut rendement.

Dans cette mutation aux allures honorables de la modernité, à l'objectif légitime de nourrir le monde, ne se serait-il pas substitué celui, caché et moins glorieux, d'appropriation d'un capital biologique par une minorité à des fins devenues principalement financières ? Qu'observe-t-on ? En Amérique latine, par exemple, où l'accès aux terres agricoles est parmi les plus inégalitaires du monde – avec la coexistence d'un petit nombre d'immenses exploitations et d'une multitude de paysans minifundiaires ou sans terre –, ne sont plus cultivées qu'un nombre très limité d'espèces : coton, banane, canne à sucre, etc. Et, pour chaque type de culture, un tout petit nombre de variétés. La révolution verte ne fit qu'amplifier ce phénomène. Derrière cette dynamique, en Asie, en Afrique autant qu'en Amérique latine, se profilent en effet des grands groupes agro-industriels qui, souhaitant s'approvisionner avec des produits parfaitement standardisés, finissent bien souvent par imposer aux paysans le choix de clones et variétés dont ils contrôlent la commercialisation. C'est aussi la forme qu'a prise la fameuse révolution verte.

Un succès certes, mais coûteux, écologiquement et socialement. En se limitant pour l'instant à ne voir les choses qu'à travers le prisme de la biodiversité, on en relèvera trois conséquences négatives majeures : 1) l'appauvrissement des ressources génétiques agricoles à travers l'homogénéisation, en espèces et en variétés, des sources alimentaires de la population humaine mondiale ; 2) l'érosion de la biodiversité en général, par le biais de la destruction et du morcellement des milieux naturels et de la surutilisation d'une chimie de la mort (herbicides, insecticides, fongicides…) ; 3) d'énormes gains de productivité au prix d'une confusion entre chiffre d'affaires et bénéfices : les coûts en pollution et artificialisation des milieux sont transférés aux générations suivantes. Bref, cette agriculture d'intensification, qui conduit à l'homogénéisation d'un petit nombre d'espèces et de variétés dominantes imposées économiquement ainsi qu'à une dépendance croissante vis-à-vis de la chimie de synthèse, ne préfigure nullement un monde soutenable.

Et de plus en plus d'avis s'expriment pour que l'on se détache de la fascination de la pensée unique : « Il y a quelque chose de mauvais dans nos systèmes agricoles et alimentaires. En dépit de nettes avancées durant le siècle écoulé en matière d'accroissement de la productivité, des centaines de millions de gens restent affamés et mal nourris. D'autres centaines de millions encore mangent beaucoup trop, ou de mauvaises sortes de nourriture, et ça les rend malades. La santé de l'environnement en souffre également, parce que les systèmes agricoles que nous avons développés dans les années récentes s'accompagnent, semble-t-il, de dégradations. Rien ne peut-il être fait, ou bien est-il temps pour l'expansion d'une autre sorte d'agriculture, fondée davantage sur des principes écologiques et en harmonie avec les populations humaines, leurs sociétés et leurs cultures ? », lance Jules Pretty, professeur en sciences de l'environnement et de la société à l'université de l'Essex, en ouvrant son remarquable *Agri-Culture : Reconnecting people, land and nature*[6]. Grand livre, beau titre : tout un programme ! Ne nous y trompons pas, c'est un changement radical qu'appelle Jules Pretty de ses vœux – ce qu'explicite sans ambiguïté l'intitulé de l'introduction de son ouvrage : *Preface to a Revolution.*

Une révolution qui a déjà commencé mais est restée trop silencieuse (voir chap. 5 et 6). Une révolution qui s'appuie sur des pratiques longuement éprouvées, sur des cultures, voire des visions du monde, qui n'ont cessé de susciter adaptations et innovations. Mais que l'agro-industrie et sa complice l'agrochimie tiennent à l'écart, pour partie par ignorance mais aussi par un sens aigu de la concurrence. Et la pensée unique fait le reste – le jeu des grands lobbies agroalimentaires : produire, produire intensivement ; détruire, détruire sans retenue. Il n'y aurait pas d'autre issue pour nourrir 9 milliards d'humains à l'horizon de 2050 ! Ou pour nourrir leurs voitures ?

Lumière et ombres de la révolution verte

À l'origine de ce phénomène, une révolution technique et scientifique accomplie dans les années 1960/1970 par les centres internationaux de recherche agronomique qui furent mis en place : le CIMMYT au Mexique (Centre international d'amélioration du maïs et du blé) ; l'IRRI (Institut international de recherche sur le riz), domicilié aux Philippines, ou le CIP (Centre international de la pomme de terre) basé au Pérou, etc. Les efforts vont se concentrer, en ce qui concerne les céréales, sur la sélection et la création par hybridation de variétés à tiges courtes, feuilles érigées et tallage précoce et capables de résister à la verse et d'intercepter efficacement l'énergie solaire tout en supportant des densités de semis ou de repiquage plus élevées que les variétés traditionnelles. L'objectif est clair : obtenir les meilleurs rendements à l'hectare possible.

Pour relever ce défi, dans l'esprit de rentabilité économique conforme à l'air du temps et aux intérêts des grandes multinationales appelées à les mettre en œuvre, n'ont finalement été sélectionnées qu'un petit nombre de variétés dont on attendait qu'elles puissent être cultivées partout et en toutes saisons – c'est-à-dire dans des conditions fatalement fort éloignées parfois de celles qui prévalaient dans les stations expérimentales où elles furent mises au point. Étant visé le plus grand nombre possible de producteurs de par le monde, la priorité s'est portée sur les trois principales céréales, blé, maïs et riz, sans négliger toutefois par ailleurs la pomme de terre. En termes d'accroissement des capacités de production, ce fut bien un succès. Mais un succès dont on mesure aujourd'hui les coûts, notamment en Afrique.

Première ombre au tableau, des plantes vivrières particulièrement importantes dans l'alimentation de plusieurs populations et cultures d'Afrique, d'Asie et d'Amérique latine telles que le manioc, le taro, les ignames, le sorgho, le millet ou le quinoa furent quasiment délaissées[7]. C'est-à-dire non prises en compte dans les efforts de recherche d'une part, puis, dans un second temps, soumises à la compétition d'autres plantes « économiquement dopées » par les effets du Marché. Donc menacées de disparition.

Seconde ombre au tableau, dans les conditions écologiques et climatiques très diverses et souvent très variables où ils ont été cultivés, les cultivars super-performants des centres internationaux ne purent toujours exprimer pleinement leur potentiel que moyennant force soins : irrigation, emploi de grandes quantités d'engrais et de produits phytosanitaires (ça fait plus chic que « pesticides », plus noble : le souci est de protéger la plante, pas de tuer !). Ce fut souvent fort coûteux et parfois désastreux.

Les revers écologiques de la révolution verte

L'homogénéisation des systèmes de culture entraînée par la révolution verte a parfois posé de sérieux problèmes écologiques aux paysans du Sud. Ainsi, l'emploi des premières variétés semi-naines de riz proposées par l'IRRI, sensibles à un nombre élevé de maladies et de parasites, s'est vite traduit par des dégâts à grande échelle occasionnés par le virus Tungro et des brûlures bactériennes. À la fin des années 1970, la variété IR8, cultivée sur près de 60 % des surfaces en rizières aux Philippines et en Indonésie, fut sévèrement touchée par les attaques d'un insecte suceur de sève, la cicadelle brune. Les rendements chutèrent dangereusement et il fallut recourir à l'emploi intensif d'insecticides organophosphorés. Il s'ensuivit de sérieux problèmes de santé dans les populations rurales concernées et de profonds déséquilibres écologiques dans les relations entre insectes prédateurs favorables aux cultures et ravageurs potentiels, avec notamment une prolifération inquiétante des formes les plus résistantes aux insecticides chez ces derniers.

Quant aux ressources halieutiques, compléments protéiques importants apportés par les canaux et les rizières elles-mêmes, elles souffrirent de l'emploi intensif d'engrais chimiques et de pesticides. Coûts écologiques, coûts sanitaires : ajoutés aux surcoûts économiques entraînés par les traitements ou la baisse de production, on se demande ce qu'il reste des ors de la révolution verte[8] !

Naturellement, des efforts ont bien été réalisés pour effacer ces vulnérabilités et incorporer aux variétés à haut potentiel de rendement photosynthétique des gènes de tolérance ou de résistance aux parasites ou pathogènes qui se manifestèrent. À noter que, lorsque cela fut possible, c'est parce que de tels gènes purent être extraits de variétés ou d'espèces sauvages apparentées non encore disparues. En d'autres termes, grâce à la biodiversité.

Ce qui met le doigt sur la troisième ombre de la révolution verte : l'omniprésence sur le marché d'un petit nombre d'espèces et de variétés élimine progressivement toutes les autres parce que les paysans qui les entretenaient sont contraints de les abandonner.

Techniciens, savants et citoyens

En réponse aux sirènes écologistes qui, depuis plus d'un demi-siècle, dénoncent les orages qui s'accumulent, comme aux mises en garde bien étayées du Millennium Ecosystem Assessment (2005), on entend régulièrement opposer l'argument d'autorité selon lequel la Science, éclairée par la Technologie – instrument éprouvé de notre puissance et de notre succès –, saura nous apporter la solution. Bref : pas d'inquiétude, citoyens, la technique a réponse à tout. Et vogue la galère du « développement » effréné…

Façonner le monde atome par atome

Tel est le titre d'une brochure propagée par les promoteurs américains de la « National Nanoinitiative » pour lancer les nanotechnologies. N'y a-t-il pas de quoi s'interroger ? Et le déclaratif qui suit n'est pas pour rassurer : est évoqué un projet global de « convergence des sciences » visant à initier une nouvelle Renaissance incorporant une conception holiste de la technologie fondée sur une analyse causale du monde physique, unifiée depuis l'échelle du nano jusqu'à l'échelle planétaire. Et qu'en pense le vivant ? Là n'est pas la question – ne soyons pas triviaux, mesquins : saluons plutôt l'émergence de la technoscience, véritable changement de cap de la connaissance scientifique qui intègre enfin sans états d'âme la logique entrepreneuriale du monde des affaires et brasse des moyens considérables.
Alors que nos sociétés, écrit Bernadette Bensaude-Vincent, sont silencieusement reconfigurées par le génie génétique, les biotechnologies, les nanotechnologies, Internet, il est plus que temps de faire pleinement entrer les questions de choix technologiques et scientifiques dans l'arène publique. Car c'est toute la société qui est concernée[9].

Et si, d'aventure, on émet un doute sur la pertinence des choix faits, si on évoque, inquiet ou suspicieux, l'insuffisance des connaissances face à la complexité des problèmes ; si on en appelle à l'exploration d'autres voies plus respectueuses de l'environnement, alors le jugement tombe, péremptoire : on veut le retour à la bougie, quand ce n'est pas à l'âge de pierre ! Allègre façon de faire l'union sacrée du bon peuple contre les incroyants, les incrédules anti-progrès. Et si, d'aventure, pour échapper à une telle diabolisation, on évoque la nécessité de prendre en compte le contexte socio-économique et politique, le jeu des lobbies, voire les risques de collusion entre soi-disant experts et intérêts industriels ou commerciaux, on est alors prié de ne pas tomber dans la théorie du complot. Bref, point d'alternative : la techno-science c'est le Progrès, donc le Bien. Tous ceux qui ne se rallieraient pas sans réserve au mythe de la science salvatrice, empêcheurs de progresser en rond, ne seraient que des attardés, nostalgiques du paléolithique ou paranos effrayés par tout ce qui est nouveau. Il est grand temps de distinguer la science, qui construit les questions et s'empresse de remettre en cause ses résultats aussitôt qu'ils sont obtenus, de la techno-science qui a réponse à tout, y compris aux questions que vous ne vous posez pas ! Qui, dans cette affaire, fait preuve d'une attitude scientifique ? Celui qui prêche la soumission aveugle aux nouveaux prêtres du Bien, fût-il scientifique, ou celui qui doute ?

Face aux défis que pose l'exigence d'un développement durable, il n'y a pas place pour ce type de postures manichéennes. Et dire que les voies du redressement ne passent pas *seulement* par des novations techniques ou le renouvellement des connaissances scientifiques ne revient pas à penser que sciences et techniques n'aient rien à nous apporter. S'interroger sur les mérites de pratiques, de connaissances ou de cultures préscientifiques ou disparues de notre Occident post-moderne ne veut pas dire qu'il faille rejeter les acquis du XXe siècle et les promesses des sciences et techniques du XXIe siècle, pas plus que les savoirs dits traditionnels. Seulement que, sans une remise en cause fondamentale et démocratique des dysfonctionnements graves de notre monde, on ne saurait changer significativement le cours des choses : il faut mobiliser, donc écouter et se faire entendre de tous les citoyens. C'est notre système démocratique qui est interpellé, qui est en jeu. Théodore Monod, dans un livre testament, s'écriait : « On ne fait plus les choses parce qu'elles seraient utiles ou nécessaires mais, simplement, parce que techniquement, on peut les faire[10]. »

Pourquoi le progrès remarquable des sciences et des techniques qui a accompagné la révolution industrielle n'a-t-il pas anticipé les menaces qui se sont amoncelées notamment depuis la dernière guerre ? Pourquoi en est-on arrivé là ? Sans doute parce que, si l'on suit le philosophe Jean-Pierre Dupuy, « les mécanismes qui expliquent l'extraordinaire dynamisme de la société moderne, et par là même sa soif inextinguible d'énergie, sont les mêmes que ceux qui expliquent sa tendance à l'autodestruction[11] ».

« On ne résout pas un problème avec les raisonnements qui l'ont engendré », aurait dit ou écrit Einstein. Il est clair qu'il faut changer le cours des choses – non seulement ralentir mais redresser la barre et changer de direction. Et, pour cela, il faut raisonner sur de nouvelles bases, en décortiquant d'abord ce qui a péché dans l'alliance entre techno-sciences, développement industriel et idée de progrès qui caractérise ce qu'il faut bien appeler la civilisation occidentale.

D'abord, de quel progrès s'agit-il ?

Le progrès est une idée vieille de quelque 350 ans, née en Europe de l'Ouest au XVIIe siècle[12]. À sa source, la montée en puissance de la science et la perception d'une amélioration des conditions de vie. Le moteur de ces changements ? Le développement graduel de l'esprit d'entreprise, du capitalisme et de nouvelles technologies – toutes choses qui préparèrent l'esprit des gens à accepter l'idée de progrès[13] et propulsèrent la société de marché.

L'économie marchande est l'héritière de trois révolutions émancipatrices, souligne le philosophe Patrick Viveret. « La première, intellectuelle et culturelle, invente l'individu et l'autonomie de la raison. La deuxième, politique, récuse les sociétés d'ordre et fonde la légitimité du pouvoir, non sur le droit divin, mais sur la volonté générale des citoyens. La troisième, technologique et scientifique, fait du progrès et de l'histoire le nouveau sens possible de la vie personnelle et collective[14] ».

Pourtant, avec la mise en place d'une «société de marché» les systèmes de comptabilités nationales qui seront élaborés après la Seconde Guerre mondiale partageront les mêmes angles morts, nous dit Patrick Viveret. Et d'énoncer ce qu'il appelle les quatre impensés : l'impensé écologique («la nature étant traitée comme pur facteur de production», sans valeur), l'impensé éthique («celui du libéralisme pour lequel n'importe quel désir a une valeur économique dès lors qu'il est solvable, celui du marxisme pour lequel il n'y a pas de morale transcendante à l'histoire»), l'impensé politique («l'État se trouvant réduit à être le garant du marché dans la version libérale, l'instrument de la domination de classe dans la version marxiste») et l'impensé anthropologique («l'*Homo economicus* étant supposé être un calculateur rationnel du marché ou de l'histoire»).

La croissance économique comme progrès

Peut-on imaginer un temps où la croissance économique, appréhendée à travers le sacro-saint PIB, produit intérieur brut, n'était pas encore une obsession des hommes politiques, des chefs d'entreprise, des médias… et de la majorité des économistes ? Cette foi dans la croissance comme condition nécessaire et désirable pour un bon fonctionnement des sociétés modernes reflète une croyance plus profonde encore en l'idée de progrès[15]. Comment mesurer ce progrès ? Puisque la croissance économique est devenue synonyme de progrès, il suffit d'évaluer cette dernière ! L'indicateur le plus largement utilisé pour cela est le PIB, la somme des valeurs ajoutées brutes créées par l'économie[16]. Cet indicateur a été très utile à la sortie de la Seconde Guerre mondiale pour suivre les progrès de la reconstruction de l'économie. Il reste utile dans la mesure où l'équité (l'iniquité) sociale se lit dans la répartition du PIB entre salaires, profits et pression fiscale.

Mais si l'on entend associer l'idée de progrès à une amélioration réelle du bien-être humain, alors ce PIB n'est pas adéquat. N'inclut-il pas, en effet, des dépenses qui croissent quand les choses semblent se détériorer : dépenses de santé, de transport pour aller de son domicile à son lieu de travail, de réparation, de lutte contre la pollution, etc. ? Et n'est-il pas insensible à des phénomènes tels que l'entraide bénévole, le temps de loisir, la dépréciation du capital naturel et l'épuisement des ressources que celui-ci apporte ? Et, surtout, la dégradation des milieux, des écosystèmes par l'activité économique, génère de la valeur ajoutée, donc accroît le PIB. La réparation des dommages, générant à nouveau de la valeur ajoutée, accroît encore le PIB. Les écosystèmes sont gratuits, leur dégradation n'est pas comptée négativement dans le PIB qui n'a simplement pas été conçu pour ça.

Décroissance, croissance zéro, développement soutenable : le débat sur la croissance comme objectif ultime de nos sociétés et du monde est relancé. Relancé, car l'inquiétude sur la capacité de la Terre à faire face aux besoins croissants de l'humanité remonte au moins à Thomas Malthus et son fameux « principe de population » (1798) qui influença Darwin et contribua peut-être, un siècle plus tard, à la naissance de l'écologie. L'argument de Malthus aurait été anticipé par Condorcet, grand intellectuel des Lumières qui, plus optimiste, pensait que l'humanité utiliserait la puissance de sa raison pour contrôler volontairement sa fécondité, évitant ainsi le drame malthusien de la pauvreté et de la surmortalité[17].

La relance du débat sur les limites de la croissance est due à Jay Forrester[18] du MIT (Massachusetts Institute of Technology), qui développa dans les décennies 1950 et 1960 une modélisation de la dynamique des problèmes urbains puis de l'économie mondiale. Ses travaux passèrent, il est vrai, relativement inaperçus jusqu'à leur reprise dans le fameux rapport du Club de Rome[19], publié en français sous le titre malencontreux de *Halte à la croissance ?* Cette modélisation de l'écosystème mondial incluait cinq variables fondamentales : les ressources alimentaires ; les ressources naturelles non renouvelables, extraites de réserves disponibles (pétrole, charbon, métaux, etc.) ; la production industrielle et l'évolution du capital productif ; les niveaux de pollution et leurs conséquences sur l'environnement ; la population mondiale. Toutes ces variables interagissent entre elles ainsi qu'avec de nombreuses autres variables intermédiaires.

Rappelons les trois principales conclusions du rapport du Club de Rome :

1. Si les rythmes actuels de croissance de la population mondiale, de l'industrialisation, de la pollution et des prélèvements sur les ressources naturelles se poursuivent inchangés, les limites à la croissance de cette planète seront atteintes dans la prochaine centaine d'années, avec pour résultat probable un déclin incontrôlable à la fois de la population et de notre capacité industrielle.
2. Il est possible de corriger cette dérive et d'établir les conditions d'une stabilité écologique et économique soutenable durablement permettant à chaque habitant de la Terre de satisfaire ses besoins naturels et de réaliser équitablement son potentiel humain personnel.
3. Si la population mondiale opte pour cette seconde stratégie, plus tôt elle le fera, plus grandes seront ses chances de succès.

Ce livre-choc fut sévèrement critiqué. Outre qu'il prétendait empêcher de « croître en rond » il sous-estimait les novations technologiques futures et ignorait le mécanisme des prix dans les processus de rétroaction des modèles utilisés. Mais l'objection fondamentale visait l'idée que la croissance pourrait avoir des limites. De fait, la croissance économique était devenue le premier objectif politique des gouvernements et partis politiques de tous bords… et le reste, pour l'essentiel.

Il s'ensuit que la question réaliste à poser devient : « Quelle sorte de croissance devons-nous rechercher ? » Là est bien le point essentiel, et le résultat majeur des critiques formulées à l'encontre de la croissance économique de la décennie.

L'appropriation humaine des produits de la photosynthèse

Quelles que soient les faiblesses des approches de Forrester et de Meadows, leurs travaux eurent le grand mérite d'attirer l'attention sur une réalité négligée : l'existence d'interactions d'ampleur planétaire entre la croissance économique et l'environnement.

Cette question cruciale fut reprise à la base, sur son versant écologique, par une équipe d'écologues de Stanford, aux États-Unis[20], qui développèrent des estimations de l'appropriation (dégradation comprise) par les sociétés humaines des produits de la photosynthèse.

Photosynthèse, source de vie

La biosphère est peuplée de transformateurs naturels qui changent les rayonnements solaires en énergie terrestre, chimique, électrique, thermique et mécanique. On appelle production primaire brute l'énergie totale fixée par la photosynthèse. De ce point de vue, les plantes vertes sont des producteurs primaires (tandis que les animaux qui les consomment sont des producteurs secondaires). Une fraction de la production primaire brute est brûlée en respiration et se dissipe en chaleur. On appelle production primaire nette ce qui reste et s'accumule sous forme de biomasse. C'est la production au sens commun du terme : la fabrication de matière végétale par unité de temps et par unité de surface. Elle peut s'exprimer en unités d'énergie (joules ou calories par m^2 et par jour), notamment quand on s'intéresse à la dynamique du processus ; mais le plus souvent, parce qu'on s'intéresse à la matière produite, on mesure la production primaire en matière organique sèche par hectare et par an (retenons que le gramme de biomasse équivaut, en moyenne, à 5 kilocalories). Enfin, avec la montée en puissance des préoccupations relatives aux changements climatiques et l'attention portée aux rapports du GIEC, on tend de plus en plus à la traduire en pétagrammes (Pg) ou gigatonnes (Gt) de carbone. Dans les deux cas, il s'agit de milliards de tonnes. Pour convertir le gramme de carbone en grammes de biomasse, il faut multiplier par 2,2.
La production primaire nette annuelle calculée pour l'ensemble des écosystèmes terrestres, prairies et champs cultivés compris, représente une biomasse de 124 milliards de tonnes (17,8 pétagrammes de carbone) – à comparer à l'évaluation de 107 milliards de tonnes pour les océans[21]. Ces estimations récentes collent avec celles classiquement

apportées par les écologues – entre 115 et 132 milliards de tonnes pour les milieux terrestres[22]. Naturellement, la capacité productive varie beaucoup d'un type d'écosystème à l'autre, avec des valeurs maximales pour les forêts tropicales humides et les récifs coralliens (2 200 à 2 500 $g/m^2/an$). Dans le cas des terres cultivées, on relève une gamme allant de 100 à 3 500 g (moyenne 650) – à comparer aux savanes, dont la productivité annuelle moyenne est de 900 g/m^2. On peut même être plus précis : dans le cas, très étudié, des savanes de Lamto en Côte d'Ivoire, la production annuelle herbeuse au-dessus du sol (ce qui brûle chaque année en fin de saison sèche) varie selon les années entre 1 100 et 1 900 g/m^2, auxquels il faut ajouter la production souterraine (racines) et celle des arbustes qui parsèment la savane. On atteint alors des valeurs comprises entre 3 000 et 6 000 $g/m^2/an$. La nature sait être très productive, même sans engrais[23] !

Selon eux, les humains, avec leur cortège d'animaux et de plantes domestiques, s'approprieraient 40 % du potentiel terrestre de la planète (mais seulement 25 % du total terre-mer). Repris sans discussion dans la littérature écologique ultérieure par la grande majorité des écologues, ce travail suscite étonnement et suspicion chez les économistes qui veulent bien s'y intéresser, y compris l'un des auteurs de ce livre. De fait, il faut attendre 2007 pour voir cette question reprise par Haberl et ses collaborateurs[24]. Ces auteurs définissent l'« appropriation humaine de la production primaire nette » (HANPP) comme « un indicateur agrégé qui reflète à la fois l'ampleur de la superficie utilisée par les humains et l'intensité de l'utilisation des terres ». Celui-ci mesure dans quelle proportion la conversion des terres et de la biomasse exploitée altère la disponibilité de la matière vivante produite pour les écosystèmes. Sur cette base, Haberl et ses collaborateurs estiment l'appropriation humaine de la production primaire nette à 22-23 % – dont une petite moitié seulement (10 %) est réellement consommée, le reste étant perdu à travers diverses altérations humaines de l'état et du fonctionnement des écosystèmes.

On reste loin des estimations produites par le groupe de Stanford et leur chiffre global de 40 % – mais qui utilise des approches sensiblement différentes et ne concerne que la terre solide. L'écologue Stuart Pimm, de l'université Columbia à New York, a repris cette question cruciale dans un ouvrage fort remarqué[25] en rassemblant diverses approches. La convergence des résultats, en ce qui concerne la production de biomasse végétale terrestre, est étonnante : aux 132 gigatonnes du groupe de Stanford répondent les 131 gigatonnes calculées par Pimm, comme les estimations par satellite qui se situent entre 120 et 130 gigatonnes. Si l'ensemble de nos activités fait bien disparaître chaque année 40 % de cette production végétale terrestre, notre consommation proprement dite – ce que nous utilisons pour notre alimentation et celle de nos animaux domestiques, mais aussi le bois pour construire, nous chauffer, cuire nos aliments ou fabriquer du papier – ne représente que 4 %. Le reste est donc détruit ou gaspillé. Cela inclut, par exemple, les pertes de production potentielle entraînées par la « conversion » annuelle de 165 000 km^2 de forêt tropicale en cultures ou pâturages (ce qui est discutable puisque ces formations végétales de substitution *produisent* elles aussi) comme celles provoquées par la salinisation des sols (qui touche 495 000 km^2), le brûlage de 6 millions de km^2 de pâturages ou le surpâturage sur 35 millions de km^2 de terres arides ou semi-arides. Quant à nos villes et routes, la surface qu'elles occupent aurait produit si laissée intacte, selon Pimm, quelque 3 milliards de tonnes par an.

Compte tenu de toutes ces estimations, on peut retenir que l'espèce humaine est devenue un facteur majeur de consommation de la production primaire nette de la biosphère[26]. Un tel rythme d'utilisation des ressources renouvelables de la planète, qui affecte les disponibilités pour d'autres espèces, altère la composition de l'atmosphère, les niveaux de biodiversité de nombreux milieux, le fonctionnement des réseaux trophiques et donc la fourniture d'importants services écosystémiques pour le bon fonctionnement de la biosphère.

Enfin, il faut souligner que l'appropriation humaine de la production primaire nette varie considérablement d'une région à l'autre. Marc Imhoff et ses collaborateurs se sont récemment attachés à traiter cette question[27]. Leurs résultats révèlent l'empreinte inégale de la consommation humaine et des impacts associés – et du même coup le degré de dépendance vis-à-vis de l'importation de production primaire nette de différentes populations. C'est d'ailleurs ce que vise aussi à souligner un autre indicateur, l'« *empreinte écologique* ».

L'empreinte écologique de l'homme

Que l'homme et ses activités nuisent au libre fonctionnement de la nature et altèrent les écosystèmes à travers leurs flores, leurs faunes et le cycle des nutriments qui les traverse est un fait bien établi. Cependant, tout cela reste à la fois trop vague et trop complexe pour donner prise à des comportements et des mesures susceptibles d'y mettre un terme et d'y remédier. Deux approches ont été développées pour promouvoir des stratégies concrètes, dans un contexte clairement dominé par des enjeux économiques et des lobbies aux intérêts affirmés. La première a vu l'émergence de nouvelles méthodes d'évaluation économique, donnant corps à une nouvelle discipline, l'économie écologique – nous l'avons évoquée au chapitre précédent à propos du concept de service écologique. La seconde a été baptisée « analyse de l'empreinte écologique[28] ».

L'empreinte écologique est une mesure du fardeau imposé à la nature par un individu, une population ou un pays donné. Concrètement, ce fardeau est appréhendé à travers la superficie de terres « sauvages » et cultivées nécessaire pour assurer durablement les niveaux de consommation de ressources et d'énergie dudit individu ou de ladite population, et pour recycler les déchets produits. Cette approche d'évaluation de l'empreinte écologique de l'homme repose sur l'idée que, conscients de notre impact et de son évolution, nous serons mieux à même de faire face aux difficiles défis que représente l'objectif d'un développement durable et davantage en mesure de justifier des stratégies pour y répondre efficacement. Mais, surtout, elle s'inscrit dans le cadre d'une compréhension écologique du monde, celui-ci étant perçu comme seul système planétaire dont nous sommes partie intégrante. Dans cette perspective, l'économie humaine n'est qu'une composante de l'écosphère et l'espèce humaine un consommateur parmi d'autres – même s'il est vrai qu'à travers ses activités de production, de consommation et de pollution l'homme est devenu l'espèce dominante dans la plupart des écosystèmes de la planète.

L'empreinte écologique des hommes dépend de leur consommation – en aliments, en bois et en combustibles fossiles – et des déchets qu'ils produisent. L'organisation non gouvernementale Global Footprint Network (GFN), installée en Californie, qui calcule chaque année depuis 2003 l'empreinte écologique de l'humanité, estime qu'il faudrait actuellement 1,4 Terre pour satisfaire nos besoins. À noter que cette estimation dépend du mode de vie adopté et que certains pays pèsent beaucoup plus que d'autres. Ainsi, dans sa dernière estimation rendue publique en novembre 2009, le GFN souligne qu'il faudrait 5 planètes pour satisfaire les besoins d'une humanité adoptant le train de vie des États-Unis, 2,7 si tous s'alignaient sur la France… mais seulement 0,4 avec un mode de vie comme en Inde. Quel que soit le caractère grossier de ce type d'indicateur, il a le grand mérite d'être comparatif, dans l'espace et dans le temps, et de nous faire prendre conscience de nos responsabilités vis-à-vis de l'ensemble de l'humanité, actuelle et future. Mais il a aussi l'inconvénient de friser parfois la démagogie, sous couvert d'une pédagogie simpliste.

Gandhi ignorait tout, et pour cause, de la mesure de l'empreinte écologique des nations. Pourtant, n'avait-il pas saisi l'essentiel quand il déclara : « Il a fallu à la Grande-Bretagne la moitié des ressources de la planète pour accéder à la prospérité, combien de planètes faudra-t-il à l'Inde pour son développement ? » Ajoutez « ainsi qu'à la Chine » et vous admettrez qu'il y a dans cette réflexion une pénétrante anticipation des problèmes d'aujourd'hui !

5. Et l'Humain dans tout ça ?

« Nous ne savons pas exactement qui abat nos forêts et qui inonde nos terres, mais nous savons qu'ils vivent dans des villes, où les riches deviennent encore plus riches, et où nous les pauvres perdons le peu que nous avons. »

Déclaration du peuple Iban, Malaisie
(in *Stratégie mondiale de la biodiversité*, 1994).

La survenue (tardive) d'*Homo sapiens* dans la prodigieuse aventure de la Vie sur Terre semble marquer un tournant décisif pour la biosphère. C'est dû, en grande partie, à l'emballement de la machine planétaire que la révolution thermo-industrielle a entraîné : le primate *Homo sapiens*, en devenant *Homo sapiens economicus*, se retrouve au cœur de l'histoire de la planète. Nous sommes entrés, nous tous êtres vivants, dans une nouvelle ère, l'anthropocène. Et plus récemment, si l'on suit Jeremy Rifkin, dans le siècle des biotechnologies.

Mais où est l'humain dans tout ça ? *Homo sapiens* est certes, du point de vue biologique, un primate parmi d'autres, cousin des gorilles et des chimpanzés. Ne partage-t-on pas avec ces derniers 98,5 % de notre ADN ? Toute petite différence, grosses conséquences. Qui a fait la révolution industrielle ? Qui est le moteur des ébranlements actuels de la biosphère ? Un primate particulièrement créatif ! Certes poussé par les mêmes contraintes de consommation, de protection vis-à-vis de ses ennemis et de multiplication que ses cousins chimpanzés. Mais animé aussi, dans cette marche en avant, par des *valeurs* qui ont contribué à son succès, à travers l'édification de sociétés, de nations, de civilisations. Là réside l'humanité d'*Homo sapiens*. Et c'est la deuxième face de l'anthropocène – son espoir !

L'objectif de ce chapitre est de revenir à l'essentiel oublié, à savoir : à l'humain, à sa dimension sociale. Et, plus précisément, car ce champ est vaste, à quelques problématiques-clés qui touchent au devenir de la biosphère : l'humain dans l'économie d'abord ; dans la gestion des ressources renouvelables ensuite ; et, enfin, pour suivre notre fil conducteur, dans les multiples visages de l'agriculture.

L'économie déshumanisée ou la religion du marché

« L'essor de l'économie productiviste, sous l'impulsion du capitalisme, a produit dans les sociétés humaines une rupture sociale et anthropologique avec le passé aux conséquences, à maints égards, irréversibles. À l'orée de la révolution industrielle, les activités productrices conviviales, grâce auxquelles ces sociétés subsistaient, ont changé radicalement de nature et de sens. L'*oikonomia* originelle, qui, pendant des millénaires, ne fut rien d'autre que l'économie dite *de subsistance*, s'est transformée en une institution entièrement dédiée à la production massive de marchandises et de profit[1]. »

Tout se passe donc comme si on avait oublié la raison d'être de l'économie – à savoir, aider les sociétés humaines à bien vivre – et que celle-ci s'était vengée en asservissant les humains à une fin dévoyée : la croissance du produit intérieur brut, la religion du « toujours plus », sorte de veau d'or moderne.

Pourtant, nous rappelle Amartya Sen[2], l'économie a deux origines, toutes deux liées au politique mais de manières différentes, l'une s'intéressant à l'« éthique », l'autre à ce qu'il appelle la « mécanique ». La tradition éthique, qui remonterait au moins à Aristote, s'intéresse à la fois au « comment doit-on vivre ? » et à ce que la société accomplit pour tenter d'y répondre. Quant à la tradition mécaniste, qui puise à diverses sources, elle fut influencée notamment par de véritables ingénieurs, tel l'économiste français du XIXe siècle Léon

Walras, et s'intéresse avant tout aux questions de logistique plutôt qu'aux fins ultimes. Toutefois, si Léon Walras est l'auteur du *Traité d'économie pure*, il définit aussi le projet de la science économique comme l'étude des relations entre les hommes à propos des choses, qu'il appelle « économie sociale ». Et, ajoute Amartya Sen, « ma thèse est que l'économie moderne s'est trouvée considérablement appauvrie par la distance qui a éloigné l'économie de l'éthique ». L'économie dominante s'entend.

Bref, l'économie « mécanique » au service de la religion du Marché nous a fait perdre de vue l'humain qui seul donne sens à tout ce que nous faisons. Nouveau Saint-Esprit, la « main invisible » d'Adam Smith est censée toujours établir l'équilibre des marchés ! Et Milton Friedman d'énoncer la supériorité politique du marché sur toute autre forme d'organisation de la société : « Les prix qui émergent des transactions volontaires entre acheteurs et vendeurs – en bref, sur le marché libre – sont capables de coordonner l'activité de millions de personnes, dont chacune ne connaît que son propre intérêt, de telle sorte que la situation de tous s'en trouve améliorée… Le système des prix remplit cette tâche en l'absence de toute direction centrale, et sans qu'il soit nécessaire que les gens se parlent ni qu'ils s'aiment[3]. »

Cette mise à l'écart de l'humain a perverti non seulement les stratégies d'exploitation des ressources naturelles, renouvelables et non renouvelables, mais aussi les politiques de conservation de la nature. Et elle est source de violence.

La violence cachée

Johan Galtung, politologue norvégien spécialiste de l'irinologie – la science de la paix –, a développé l'idée qu'à côté de la violence directe que nous savons tous reconnaître, parce que l'auteur en est facilement identifiable, il convenait de distinguer une *violence structurelle*[4]. Celle-ci aboutit aux mêmes résultats que celle-là, mais les mécanismes complexes qui la réalisent la rendent souvent anonyme…

et ignorée des technocrates. Pourtant c'est bien une violence qui est à l'œuvre derrière les processus techniques, économiques et financiers qu'impose, par exemple, la révolution agro-industrielle – dès lors que ceux-ci peuvent maintenir ou entraîner des populations dans des situations de pauvreté, de sous-alimentation et de morbidité.

Autre catégorie, bien étudiée par Julie Trottier, spécialiste d'écologie politique dans le domaine de l'eau, les pratiques de développement ciblées sur l'eau comme ressource-clé, qu'il s'agisse d'infrastructures ou de méthodes de gestion, instituent souvent des mécanismes de violence structurelle. Celle-ci s'accompagne également de *violence culturelle*[5] – celle qui surgit en effet lorsqu'une production de sens, donc de culture, contribue à justifier et légitimer la violence structurelle. Bien des notions scientifiques ou technologiques, dès lors qu'elles tendent à s'affirmer de façon hégémonique, constituent aujourd'hui, ou viennent à l'appui, des violences culturelles. Les notions d'« efficacité productive », d'« efficacité sectorielle », explique Julie Trottier, peuvent être utilisées pour asservir un groupe social, pour le spolier de son contrôle sur une ressource en déligitimant sa méthode de gestion. Les politiques de l'eau regorgent de situations de ce type[6]. Ainsi la manière dont les lois « modernes » de l'eau, systématiquement adoptées par les pays en développement sous la pression de la Banque mondiale, ignorent les régimes de propriété autochtones représente bien une forme subtile mais réelle de violence culturelle.

Quant à la vaste problématique des biens communs, qui inclut le cas de l'eau, c'est une illustration exemplaire de ce que sont violence structurelle et violence culturelle.

Tragédie des communaux et drame de la pensée[7]

Du « principe de population » de Malthus à la « tragédie des communaux » de Hardin et au-delà, analystes et décideurs se sont très largement ralliés à la logique apparemment irrésistible selon laquelle, inévitablement, les populations humaines nuisent aux ressources naturelles quand elles les utilisent et que, plus elles sont nombreuses, plus il y a de dommages. De fait, dans un article paru en 1968, l'Américain Garett Hardin imposait l'idée que les utilisateurs d'un bien commun – une pêcherie, par exemple – étaient inévitablement entraînés dans un processus conduisant à la destruction de la ressource dont ils dépendaient. La solution préconisée par Hardin : « *either socialism or the privatism of free enterprise*[8] » !

De quoi parle-t-on ? Principalement de ce qu'il faut appeler des *ressources renouvelables* – des éléments du tissu vivant de la planète : forêts naturelles, faune sauvage aquatique ou terrestre, eau, territoires de parcours. Ressources, parce que « source principale de nourriture et de numéraire pour les populations de chasseurs-cueilleurs, d'éleveurs nomades et de pêcheurs, elles constituent fréquemment une réserve alimentaire et financière pour les agriculteurs en cas de récolte insuffisante ou de baisse importante des cours[9] ». En Inde, par exemple, elles contribuent en moyenne chaque année à hauteur de 5 milliards de dollars aux revenus des populations rurales[10]. Elles ont en commun une double originalité par rapport à toutes les autres ressources renouvelables, telles que les plantes ou animaux domestiques, ou les sols cultivés. La première réside dans leur caractère de « propriété commune » : il s'agit de ressources sur lesquelles il n'existe pas de droit de propriété, et que l'on ne s'approprie que par prélèvement sur le milieu naturel et par usage. Les économistes disent que leur coût se réduit à celui du prélèvement, tandis que les autres ressources ont également un coût de production. Ainsi la cueillette a un simple coût de récolte quand la plante cultivée exige de consentir la préparation du sol, les semis et l'entretien, en plus du coût de la récolte. La seconde originalité résulte de ce que les groupes humains qui les exploitent ne peuvent en prélever que le croît naturel, sous peine de les voir se raréfier ou disparaître. Cette surexploitation est, de fait, à l'origine de la disparition de nombre d'espèces animales et végétales, comme elle explique en partie la mauvaise situation de nombre de pêcheries. Hardin prend l'exemple de deux éleveurs ayant un pré en commun où chacun tend à rajouter du bétail sur le pré, entendant s'approprier la rente fourragère aux dépens du second éleveur. Il s'agit de ce que la théorie des jeux nomme « dilemme du prisonnier » : la solution la meilleure serait que les deux éleveurs s'entendent, mais l'absence de confiance dans l'autre, postulée par Hardin, conduit chacun à la stratégie égoïste. S'agissant de ressources renouvelables exploitées, l'idée de Garrett Hardin est la suivante : lorsqu'une ressource « est en propriété commune », le nombre d'exploitants augmentera aussi longtemps qu'il sera possible d'en tirer profit ; la propriété commune conduirait à la fois à la surexploitation et à l'inefficience économique. Parce que la ressource est à tout le monde, nous dit Hardin, les exploitants sont conduits à prélever le maximum dans le minimum de temps, à tout prix : ce qui n'est pas pris par l'un le sera par l'autre… La solution serait donc de privatiser les ressources, d'allouer des droits d'usage exclusifs, ce qui aurait, en théorie, deux conséquences : chacun, étant désormais « chez soi », tendrait à prélever sagement et au moindre coût, et le droit de prélever, devenu rare, acquerrait une valeur négociable sur un marché. Enfin, le marché régulateur pourrait fonctionner sans nécessité d'intervention de l'État… Voici, résumée à grands traits, la thèse qui est à l'origine des discours d'organisations internationales sur la sécurisation des droits fonciers, comme sur la privatisation des ressources.

Si la thèse de Hardin est vérifiée dans les situations d'*accès libre* à des ressources renouvelables, comme c'est le cas par exemple des pêcheries dans les pays nordiques où l'accès libre a été institué par les États au cours de la seconde moitié du XIXe siècle, il est tout aussi avéré que propriété gouvernementale et privatisation peuvent conduire, dans certaines circonstances, à des échecs et qu'il existe d'autres solutions qui permettent d'utiliser durablement des ressources renouvelables[11]. Là où la propriété commune a survécu, les ressources ont le plus souvent été maintenues à des niveaux d'abondance acceptables. Ainsi, des images prises par satellite montrent une dégradation très marquée des prairies du Sud de la Sibérie tandis que celles de Mongolie, où a subsisté un régime traditionnel de propriété collective auto-organisée, apparaissent beaucoup mieux préservées. Ce mode de gestion ancestral a donc permis aux pasteurs mongols de poursuivre leurs déplacements à grande échelle entre pâtures saisonnières, tandis que la Russie et la Chine avaient imposé des propriétés d'État impliquant une installation permanente.

En fait, propriété commune et accès libre n'ont, *a priori*, rien de commun. C'est dans la confusion entre ces deux notions, propriété commune et accès libre, que réside le drame de la tragédie des communaux – un drame de la pensée. C'est également dans cette confusion que le succès de cette thèse trouve ses racines, dans la mesure où elle rejoint le prêt-à-penser néolibéral qui régnera sans partage sur les politiques de développement des années 1980.

C'est ainsi qu'au Kenya, en application de la thèse de Hardin, le gouvernement a réparti parmi les Masaïs des droits de propriété privée sur les territoires de parcours du bétail. Les conséquences de cette privatisation « salvatrice » ? Une dégradation écologique par surpâturage autour des points d'eau, du fait de la sédentarité ; l'accaparement des pâturages, points d'eau et gisements de sel par les représentants des familles les plus riches, au prix de l'appauvrissement de celles qui étaient déjà les plus pauvres, ainsi que des veuves, des femmes non mariées et des jeunes[12]. Cela rappelle une situation comparable décrite et analysée par Karl Marx à propos de l'accaparement des terres écossaises par les landlords, à la fin du XVIe siècle. Or les « enclosures » écossaises sont la référence explicite des tenants de la privatisation des espaces et des ressources !

Il est clair qu'une gouvernance efficace des communaux est plus aisée à accomplir quand : les ressources et leur utilisation sont d'un suivi aisé et peu coûteux ; les changements qui affectent les ressources, les populations d'usagers, les technologies qu'elles mobilisent et les conditions économiques qui prévalent restent modérés ; les communautés humaines maintiennent des communications fréquentes à travers des réseaux sociaux denses (ce qu'on appelle le « capital social ») favorisant un potentiel de confiance durable ; les intrus et autres « tricheurs » peuvent aisément être écartés de l'accès aux ressources ; et, enfin, quand les utilisateurs assurent et prennent en charge le suivi effectif des ressources et l'application des règles adoptées d'un commun accord. Les caractéristiques des ressources renouvelables et des systèmes sociaux observés dans beaucoup de sociétés de subsistance, en Afrique, en Asie, voire en Amérique du Sud, présentent des conditions favorables pour l'émergence de dispositifs de gouvernance appropriés et efficaces. Il existe des centaines d'exemples bien documentés d'utilisation à long terme de ressources communes par de telles communautés, y compris chez des populations économiquement avancées. Ils montrent une grande diversité de systèmes de gouvernance : on est loin de l'image caricaturale propagée par Hardin[13] !

Et ça marche aussi chez nous !

Dans le Valais suisse, neuf vallées sur dix ont un bas-fond cultivé en propriété privée et les forêts et pâturages en propriété commune ; une vallée sur dix est entièrement en propriété privée. Cette différence autorise des comparaisons d'efficience dans l'allocation des ressources entre propriété commune et propriété privée. Nul accès libre ici, il s'agit de propriété commune, ce qui signifie : i) ressources et usagers sont limitativement définis ; ii) les conditions d'accès sont définies, contrôlées et sanctionnées ; iii) les coûts de gestion et de contrôle sont assumés. Stevenson (1991) montre que plus la durée de comparaison est importante, plus la propriété commune l'emporte en efficience sur la propriété privée, cette dernière répondant à une forte préférence pour le court terme (un taux d'actualisation élevé, disent les économistes). La structure de propriété du Valais était choisie par l'auteur parce qu'elle permettait d'étudier la dynamique de la propriété commune au cœur du monde le plus développé et non en un lieu exotique[14].

Mais pour la gestion de ressources à vaste répartition, telles celles que recèlent les grands écosystèmes océaniques, les fleuves ou la biodiversité en général – qui dépendent de coopérations et d'accords internationaux –, c'est une autre affaire : l'un des défis les plus difficiles auxquels on ait à faire face aujourd'hui.

De la propriété à l'appropriation[15]

Tout groupe humain projette ses propres règles d'organisation, ses propres catégories mentales, sur la nature environnante, par la façon dont il la perçoit. Un Pygmée chasseur-cueilleur se représente une forêt accueillante et protectrice, que l'agriculteur bantou perçoit plutôt comme hostile et envahissante. Les Occidentaux classent les éléments de la nature selon qu'ils sont « utiles » ou « nuisibles », cette dernière catégorie étant absente de l'imaginaire de nombre de peuples. *Les représentations* de la nature relèvent de systèmes de valeurs, prodigieux systèmes de classement des choses, des hommes et des relations entre les hommes à propos des choses. Les représentations de la nature disent ce qui est consommable ou non, beau ou laid, utile ou non, propre et sale, « ce qui se fait » et « ce qui ne se fait pas », etc. Le *système des représentations* constitue le premier niveau du mode d'appropriation de l'écosystème.

Les *usages* possibles de la ou des ressources constituent le deuxième niveau du mode d'appropriation. On sait combien ces usages ne sont pas seulement déterminés par l'existence d'un marché, mais d'abord et avant tout par le système de représentations de la nature. Ainsi les tabous alimentaires des Anglo-Saxons pour le cheval, les cuisses de grenouille ; de tous les Occidentaux à l'égard des chats, des chiens ou des singes. Les ressources ne deviennent telles, du point de vue économique et social, qu'à la condition d'être susceptibles d'un usage.

Les *modalités d'accès et de contrôle de l'accès* aux ressources constituent le troisième niveau du mode d'appropriation. L'accès peut être libre, et nous sommes alors dans le cas singulier de la « tragédie des communaux ». Le plus souvent, il est régulé, de mille et une manières : par des règles et institutions coutumières, par des mythes soigneusement entretenus, par des droits collectifs ou lignagiers, par des droits historiques : un éleveur nomade du Sahel ne peut pâturer n'importe où n'importe quand, ni accéder à sa guise aux points d'eau. Dans les espaces agricoles, de multiples droits relatifs aux arbres, à leurs fruits, au glanage, au droit de chasse, à la cueillette, à la pâture, viennent se superposer à, ou s'imbriquer dans, les droits relatifs au sol. Lorsque l'accès n'est pas limité, la surexploitation devient possible : la « tragédie des communaux » est alors, et seulement alors, observable.

Les droits d'accès aux ressources sont transférables, à l'intérieur d'une génération et d'une génération à l'autre, selon une grande diversité de possibilités, allant du don à la vente, en passant par la circulation à travers les réseaux de parenté. *La transférabilité des droits d'accès* constitue le quatrième niveau d'un mode d'appropriation. L'accès aux ressources et la transférabilité des droits d'accès constituent le lieu principal des risques et de l'incertitude liés à l'environnement économique et politique (décisionnel). Ainsi, les agroforêts de Sumatra, analysées par Fabienne Mary et Geneviève Michon, chercheurs à l'IRD, évoluent selon un cycle de plus de vingt ans, transformant les forêts naturelles en espace agricole, puis en espace forestier sélectionné. La possibilité que l'exploitation de ces agroforêts soit confiée à des entreprises forestières est susceptible de bouleverser les dynamiques naturelles aussi bien que les dynamiques sociales sur lesquelles elles reposent : une « tragédie de l'industrialisation néocoloniale » là où les communaux assuraient une soutenabilité écologique, économique et sociale ! En Afrique, les lois foncières ont tendu à faire disparaître les modes anciens de gestion de l'accès aux ressources (maîtres de l'eau, autorités coutumières, systèmes de croyance), laissant les populations relativement démunies face à la politique actuelle de « décentralisation » et d'« autogouvernance ».

Enfin, la *répartition des ressources*, ou des fruits que l'on en tire, ou leur partage au sein du groupe, définit le cinquième niveau d'un mode d'appropriation. Chez les Pygmées, le produit de la chasse donne lieu à partage immédiat et égalitaire. Chez les pasteurs peuls, les pâturages sont d'accès réparti en fonction des statuts sociaux des éleveurs, au sein d'une société très hiérarchisée. En économie de marché, selon la théorie économique, la répartition est considérée comme donnée par le marché lui-même.

La notion de *propriété* – au sens de propriété privée – ne renvoie qu'à deux des cinq niveaux d'un mode d'appropriation : les modalités d'accès et de transfert.

La gestion des ressources renouvelables, et plus largement celle des écosystèmes et des services qu'ils rendent, est donc très complexe, que l'on regarde du côté des processus écologiques ou des acteurs humains. Trop complexe pour la confier aux lois du marché. D'ailleurs, comme l'a écrit John Kenneth Galbraith : « Il n'existe pas de "loi du marché". La liberté du marché, c'est la liberté du renard dans le poulailler libre. Pour qu'un marché soit régulateur, il faut qu'il soit lui-même régulé[16]. »

En attribuant, le 12 octobre 2009, le prix Nobel d'économie à Elinor Ostrom (avec Oliver Williamson), le comité Nobel a récompensé une chercheuse politologue, économiste et sociologue, spécialiste de théorie des jeux et d'économie expérimentale, qui a montré que les associations de consommateurs et d'usagers étaient souvent mieux armées que le marché pour gérer les biens communs : les relations contractuelles, les modalités d'organisation sociale, valent bien la soi-disant loi du marché ! Elinor Ostrom, en fondant l'Association internationale pour l'étude de la propriété commune (IASCP), a contribué de façon déterminante au développement rapide des connaissances sur les multiples formes de gestion « en commun » des ressources et des écosystèmes. Ces connaissances sont rendues accessibles à tout un chacun dans la « Library of the Commons[17] ».

Un retour au monde agricole nous permettra de le montrer de façon concrète.

Agricultures et biodiversité : le grand défi

Qui nourrit les êtres vivants ? D'autres êtres vivants. De fait, la Vie – on l'a vu – est une prodigieuse entreprise de production de nourriture. Elle alimente à partir d'elle-même tout son monde, insectes, mollusques, oiseaux, requins et petits poissons… et aussi nous autres humains, parmi tous ces habitants de la Terre. Depuis le début des temps, les êtres vivants se disputent l'accès à la nourriture, et c'est précisément l'un des moteurs de leur évolution, de leur diversification.

Il y a 50 millions d'années, des fourmis inventent l'agriculture

Comment ne pas raconter ici la fabuleuse histoire des fourmis *Atta*, coupeuses de feuilles ? Il y a 50 millions d'années, dans les forêts tropicales d'Amérique du Sud, une lignée de fourmis abandonnait ses traditionnelles mœurs de chasseurs-cueilleurs pour s'engager dans l'agriculture ! Développant un partenariat avec un champignon, ces pionnières de l'agriculture apprirent à les cultiver et les entretenir, s'assurant ainsi une source durable de nourriture. C'est à partir de cette souche ancestrale novatrice qu'ont évolué les quelque deux cents espèces de fourmis attines que l'on connaît aujourd'hui. Elles incluent les fameuses fourmis coupeuses de feuilles, dont le formidable succès écologique est la conséquence de la symbiose avec les champignons du genre *Leucocoprini*. Les colonies de certaines espèces d'*Atta* peuvent abriter 8 millions de fourmis, représentant au total une biomasse équivalant à celle d'une vache. Elles prélèvent chaque jour en feuillage les besoins quotidiens… d'une vache – mais ne le consomment pas directement. En le mâchant, elles le réduisent à l'état d'une pâte où elles cultivent leurs précieux champignons. Ce sont ces champignons qui, produisant des structures particulières appelées *gongylidia*, leur fournissent la nourriture nécessaire. Cette association combine l'aptitude des fourmis à se défaire des défenses antifongiques des plantes (telles que les téguments de cire des feuilles, qu'elles déchiquettent) et celle des champignons à contourner les défenses chimiques des plantes (telles que les substances insecticides, qu'ils digèrent).
Mais l'histoire ne s'arrête pas là. Comme dans nos champs cultivés, les jardins de champignons peuvent être infestés par des « mauvaises herbes », en l'occurrence des champignons parasites du genre *Escovopsis*. Les espèces d'*Escovopsis* ne sont connues qu'associées aux

jardins de fourmis champignonnistes. Elles se propagent d'une colonie à l'autre probablement par « auto-stop » sur le corps de fourmis. Une fois introduit, l'*Escovopsis* attend son heure à faible densité ; puis, comme de nombreux pathogènes hautement adaptés à leurs hôtes (maladies humaines comprises), quand la santé du jardin est altérée, le parasite devient virulent et détruit la culture en peu de temps. Dans les jardins bien entretenus, l'*Escovopsis* est tenu en échec par des antibiotiques spécifiques produits par des bactéries du genre *Streptomyces* qui vivent sur le corps des fourmis. L'élucidation de la stratégie d'utilisation par les fourmis de ces antibiotiques pourrait être précieuse pour l'espèce humaine, qui utilise les antibiotiques depuis soixante ans (davantage si l'on considère l'utilisation médicinale de moisissures dans la Chine ancienne, ou chez les Grecs et les Romains) et se heurte à l'évolution rapide de résistances chez les pathogènes qui la menacent.

Dans la dynamique créative des relations mangeurs-mangés et des associations d'entraide et de symbiose qu'elles suscitèrent *Homo sapiens* ne fut pas en reste : il y a 10 000 à 12 000 ans, dans différentes régions du monde, il inventa à son tour l'agriculture. S'ouvrait ainsi un nouveau chapitre dans le livre infini de la biodiversité. Basé sur la domestication et la diversification à usage humain d'un petit nombre bien choisi de plantes et d'animaux. Mais blé, riz, maïs, pommes de terre, moutons, veaux, vaches, cochons, couvées sont bien, comme nous humains, membres à part entière du tissu vivant planétaire. Alors pourquoi arrive-t-il que l'on oppose aujourd'hui agriculture et biodiversité ? N'y a-t-il pas, en fait, une grande diversité d'agricultures ? Toute vie n'est-elle pas basée sur la variabilité ?

Avec sa puissance de frappe effective autant que sa prétention régulièrement affichée à éradiquer la faim dans le monde, l'agriculture productiviste nous a induits en erreur. Succès des techniques modernes, augmentation de la production, avancées constantes du progrès, nous dit-on. Dans le même temps on parle d'effondrement des pêcheries mondiales et tout récemment les experts de la FAO (Organisation des Nations unies pour l'alimentation et l'agriculture) annonçaient que la barre du milliard de personnes souffrant de sous-nutrition avait été franchie en 2009. Beau progrès, en effet. Il faut bien comprendre que les catastrophes que nous dénonçons ici ne découlent pas à proprement parler du « progrès » agronomique lui-même mais bien de la façon de s'en servir. En d'autres termes, c'est un problème politique, de « coordination entre acteurs ». On ne progressera pas tant que l'on pensera que la « main invisible » suffit à coordonner les égoïsmes nationaux et entrepreneuriaux à l'échelle mondiale. N'oublions pas que les multinationales ont une puissance supérieure à bien des États et contrôlent les politiques agricoles de certains grands pays.

Lutte contre la faim ou guerre contre la nature ? Et si, à la stratégie du bazooka, on gagnait à substituer celle du judoka ? Accompagner la nature, s'appuyer sur les potentiels et expériences que recèle la biodiversité plutôt que tout miser sur l'affrontement, les armes de destruction massive. C'est ce que prônent de nombreuses agricultures, à la fois traditionnelles, actuelles et en évolution – que l'on parle d'agroécologie, d'écoagriculture ou de révolution doublement verte.

Inventer une agriculture écologiquement intensive pour nourrir la planète[18]

Telle est l'une des grandes priorités de recherche affichée par le Cirad (Centre de coopération internationale en recherche agronomique pour le développement). Et voici l'argumentaire qui l'explicite : « Protection contre l'érosion, maintien ou restauration de la fertilité, fixation symbiotique de l'azote, recyclage des éléments minéraux, protection contre les bioagresseurs…

De nouvelles pratiques agricoles pourraient-elles assurer de tels services, alors que l'accroissement de la production agricole demeure une préoccupation majeure et que le modèle fondé sur l'utilisation intensive de pesticides, d'engrais chimiques, d'eau et d'énergie fossile est aujourd'hui remis en cause ? C'est tout l'enjeu de l'intensification écologique, modèle alternatif consistant à repenser l'agriculture pour mieux utiliser les processus et les fonctionnalités naturels des écosystèmes. »

On en reparlera dans le prochain chapitre. Mais revenons d'abord à la forêt des agricultures que cache l'arbre puissant de l'agriculture intensive.

Des agricultures innovantes et adaptatives

« L'histoire de l'agriculture mondiale est étroitement liée à l'histoire de l'évolution de la civilisation humaine et des diverses cultures de notre globe. Dans les pays en développement en particulier, l'agriculture et la vie rurale ont été fortement influencées jusqu'à ce jour par d'anciennes traditions culturelles et par les valeurs partagées par les institutions des communautés locales. Ces traditions et ces valeurs ont été façonnées en tenant compte des ressources naturelles disponibles, du savoir accumulé et de l'écologie. Les agricultures singulières que nous rencontrons dans de nombreuses régions ou pays de la planète constituent un microcosme qui reflète un très vaste ensemble de systèmes de production adaptés à leur environnement et qui associe la mise en valeur des espaces cultivés, pastoraux et aquatiques par l'agriculture, l'élevage et la pêche. Elles nous racontent de fascinantes histoires qui montrent comment l'homme a su s'adapter de façon ingénieuse à un environnement physique et matériel changeant, mais aussi prouver son attachement à la conservation de son patrimoine naturel. Ces types d'agriculture sont le résultat de longues évolutions qui se sont déroulées dans une grande variété d'aires géographiques : qu'il s'agisse de cultures vivrières, de pêche côtière ou de systèmes à base d'élevage, de nombreux systèmes de production originaux se sont développés à l'écart des grandes évolutions générales de l'agriculture que nous connaissons. De tels systèmes de production offrent des alternatives aux problèmes qui se posent un peu partout dans ce monde aux agriculteurs pauvres n'ayant pas accès aux technologies modernes. De telles réponses peuvent être bien plus durables que celles apportées par des techniques agricoles modernes. Elles peuvent constituer une base pour les modèles de développement visant à une élévation du niveau de vie des populations et à la préservation de l'agrobiodiversité et de la biodiversité. »

C'est ainsi que Parviz Koohafkan, directeur de la division des Terres et des Eaux de la FAO, ouvre les récits d'« agricultures singulières » rassemblés par Éric Mollard et Anne Walter[19]. Un panorama d'une extraordinaire diversité, nourri de témoignages concrets sur l'ingéniosité et les savoirs prodigieux des peuples du monde. C'est bien l'humain, avec ses cultures, qui est au cœur de la biodiversité où humains et non-humains coopèrent pour mieux s'adapter à des conditions particulières et souvent difficiles. Et cela de façon soutenable, adaptative : des leçons d'écologie !

L'admirable rizière indonésienne contée par Francis Hallé[20]

« Saviez-vous qu'une petite gymnastique oculaire autorise, à volonté, deux regards différents sur une rizière inondée ? Soit vous observez le riz et la surface de l'eau, soit votre attention se porte à plus grande distance, sur les reflets du ciel, des palmiers et des montagnes mauves ; alors la rizière tout entière se met à ressembler à un vitrail, dont les joints de plomb sont les diguettes. Plusieurs variétés de riz sont associées, autant pour pallier les aléas climatiques que pour satisfaire aux besoins culinaires, qui sont nombreux et raffinés : riz blanc, riz rouge, riz noir, riz gluant, etc. Des fougères aquatiques, les azolles, dont les paysans connaissent empiriquement l'action bénéfique, sont enfouies dans le sol afin de l'amender ; depuis quelques années, l'agronomie scientifique s'intéresse au rôle des azolles en tant qu'engrais azoté ; ces fougères vivent en symbiose avec des cyanobactéries capables de fixer l'azote atmosphérique et de le restituer au sol. Cela s'ajoute aux déjections des buffles qui assurent les labours, et la rizière est hautement productive, capable d'assurer deux, trois ou même quatre récoltes dans l'année, avec des variétés modernes de riz. Lors de la mise en eau, les paysans introduisent dans chaque parcelle des alevins de différentes espèces de poissons (carpes, tilapias), qui, en grandissant, assurent un contrôle efficace des parasites et des prédateurs du jeune riz ; cette lutte biologique empirique se double d'une amélioration du sol de la rizière par les déjections des poissons et d'un apport protéique fort apprécié lors de la récolte : tout le monde aime le riz, mais le riz au poisson, c'est encore meilleur ! »

L'agriculture diversifiée des exploitations paysannes

« Nombreuses ont été les paysanneries qui, faute de disposer de moyens suffisants pour acquérir les nouveaux matériels et les intrants nécessaires à la mise en œuvre de la révolution verte, n'ont pas pu mettre à profit les cultivars issus des centres internationaux de recherche agronomique. Il en a été tout particulièrement ainsi dans les régions relativement isolées au sein desquelles l'alimentation provient d'autres espèces : mil et sorgho de l'Afrique sahélo-soudanaise et du plateau du Deccan, quinoa, amarante et lupin de l'altiplano andin, taros, igname et arbre à pain de nombreuses îles du Pacifique, riz glutineux du Laos… Mais le problème des pays les plus pauvres… est de pouvoir assurer en permanence un revenu minimal leur permettant de survivre… sans avoir à craindre de devoir céder la totalité de leurs biens au titre du remboursement des emprunts. Des systèmes de culture intensifs en travail et capables d'intercepter au mieux l'énergie solaire et de fixer l'azote de l'air par voie biologique sans avoir recours à des herbicides, insecticides et fongicides existent en fait déjà dans de très nombreuses régions où les paysans, équipés d'outils exclusivement manuels, n'ont guère pu avoir accès aux intrants de la révolution verte… Ils s'efforcent de créer une multitude de microsystèmes différents au sein même de chacune des parcelles cultivées, avec la constitution de buttes de formes et de tailles diverses… Ces associations et successions culturales protègent les sols de l'érosion, limitant la propagation des agents pathogènes et des insectes prédateurs…[21]. »

Pourquoi un héritage agricole aussi riche et souvent remarquable en termes de performance a-t-il été si négligé par les sciences agronomiques dominantes ? Susanna Hecht (1995) suggère que trois processus historiques auraient contribué à nous en détourner, voire à dénigrer les savoirs et pratiques agronomiques des peuples autochtones et, plus largement, des sociétés non occidentales : 1) la destruction des moyens d'encoder, de réguler et de transmettre ces pratiques agricoles ; 2) la transformation dramatique de nombreuses sociétés non occidentales et des systèmes de production sur lesquels elles étaient basées du fait d'un effondrement démographique consécutif à l'esclavage, aux processus coloniaux ou aux effets du marché ; et 3) la montée en puissance de la science positiviste.

Historiquement, les activités agricoles étaient le produit de riches systèmes symboliques et religieux où les rituels avaient – et ont encore souvent – des fonctions de régulation des usages des terres ou d'encodage des connaissances agraires de peuples sans écriture. De fait, l'existence de cultes et rituels agraires a été bien établie et décrite dans de nombreuses sociétés, y compris de l'Europe occidentale. Ces cultes, taxés de magie noire et de sorcellerie, furent la cible d'intenses persécutions[22].

Ajoutez à cela les maladies (l'histoire du Nouveau Monde est, à cet égard, très instructive !) et la déstructuration fréquente de la base agricole des communautés rurales pour des objectifs coloniaux relevant du marché, et vous comprendrez aisément comment tout cela a conduit à la déstructuration ou l'abandon de technologies « lourdes » tels les systèmes d'irrigation ou d'agriculture en terrasses et à l'appauvrissement progressif de l'arsenal « culturel » : types de cultivars, cultures en mélanges, techniques de contrôle biologique et d'aménagement des sols – toutes choses fortement dépendantes des formes culturelles de transmission. En Amérique latine, les maladies importées par les Européens ont réduit de près de 90 % les populations autochtones. L'entretien des systèmes inca d'irrigation supposait de fortes densités de population. Par la suite, des populations se sont regroupées autour de mailles d'irrigation qui pouvaient fonctionner de façon autonome et que la densité humaine locale permettait d'entretenir, en Équateur par exemple[23].

C'est donc une sorte de cocktail pervers de violences variées, réelles, structurelles et culturelles, qui expliquerait à la fois l'effacement, voire l'effondrement, de ces riches savoirs et pratiques, et le peu de cas qui en est fait aujourd'hui.

Vivre, c'est aussi coopérer

Lutter pour vivre, se montrer compétitif pour réussir : on a bien là l'un des moteurs du vivant et de son succès. Mais seulement l'un d'eux, et il ne suffit pas ; comme l'histoire de la biodiversité l'a amplement montré, son autre grand moteur est la coopération. C'est un trait fondamental de tous les systèmes biologiques et on l'observe à tous les niveaux d'organisation, des cellules uniques à des groupes d'animaux ou de plantes d'espèces différentes. Il semble même que la plupart des grands sauts évolutifs, c'est-à-dire des « inventions » décisives qui ont marqué l'histoire de la vie et conduit à sa prodigieuse diversification, impliquent des associations coopératives (voir chap. 2)[24].

Quant à nous, est-il vraiment nécessaire de rappeler ce que nous devons à la coopération, qu'on l'appelle entraide, amitié, amour, famille ou société ? Nous ne sommes rien sans elle, même et surtout s'il arrive que « l'homme soit un loup pour l'homme », selon le mot de Hobbes, qui est fort injuste pour les loups. Les agricultures dont nous venons de parler ne sont-elles pas la plus belle illustration de ce que seule la coopération a permis ? Oui, les humains ont une tendance innée à coopérer avec leurs semblables, même quand cela ne sert pas leur propre intérêt individuel. Une tendance que nous partageons avec les autres primates, entre autres, et que l'évolution à la fois génétique et culturelle aurait renforcée. La propension à se montrer sensible à autrui, jusqu'à être heurté par l'iniquité, aurait émergé très tôt dans la lignée simienne.

Des singes à l'esprit de justice

Sarah Brosnan et Frans de Waal de l'université Emory à Atlanta ont procédé à l'expérience suivante. Ils donnent à des singes capucins des cailloux que ceux-ci ont la possibilité d'échanger contre des tranches de concombre. Ils s'y prêtent volontiers, l'échange leur apportant un contentement évident. Jusqu'au jour où, associés deux par deux, il leur est donné l'occasion de voir leur « copain » bénéficier lui, en échange des cailloux, de raisins juteux. Bref, un insupportable traitement de faveur, auquel les capucins brimés répondent en rompant le jeu et jetant avec colère cailloux et concombres !

En d'autres termes, ces singes refusent de coopérer, quitte à renoncer à une récompense alimentaire, quand ils ont un sentiment d'injustice !

Autre exemple. Des psychologues de l'Institut d'anthropologie évolutive de Leipzig ont montré que des chimpanzés associés deux par deux, l'un à statut de dominant, l'autre de subordonné, savent coopérer pour se procurer des plateaux-repas auxquels ils ne peuvent accéder seuls. Dans la quasi-totalité des cas ils parviennent à s'entendre très rapidement pour cela, sans que l'on sache comment, et, mieux, dans deux cas sur trois le partage de la nourriture qui s'ensuit est équitable[25].

Nul besoin d'histoires de singes pour nous convaincre que la justice est un fondement essentiel de nos sociétés, et Amartya Sen vient de nous le rappeler brillamment[26]. Alors pourquoi cette fuite en avant vers davantage d'inégalités, toujours plus de profits, une compétition exacerbée – au détriment des collectifs et de l'épanouissement *social* des individus ? Pourquoi veut-on faire croire, comme déjà à la fin du XIXe siècle, que c'est là pure leçon de darwinisme, comme si, « hors de la lutte pour la vie, point de salut » ? Darwin a bon dos, on l'a déjà souligné en rappelant ce que Kropotkine, lui, en avait tiré il y a bientôt un siècle avec son remarquable essai sur l'entraide comme facteur d'évolution (voir chap. 2). À la fin du XIXe siècle des savants aussi divers que Charles Darwin ou Karl Pearson voyaient dans la guerre une force évolutive puissante susceptible d'avoir stimulé chez notre espèce la solidarité sociale et l'altruisme vis-à-vis des membres de son groupe.

Le double constat de l'altruisme d'une part et de l'hostilité vis-à-vis des membres d'autres groupes humains a régulièrement été fait depuis par de nombreux auteurs ou observateurs. Plus récemment, Jung-Kyoo Choi de l'université de Kyungpook en Corée et Samuel Bowles du Santa Fe Institute au Nouveau-Mexique se sont intéressés aux relations entre ces deux tendances : l'altruisme, qui porte à sacrifier ses intérêts propres au profit de son groupe d'appartenance ; et l'esprit de clocher (ou « paroissialisme » si l'on veut coller au mot anglais utilisé : *parochialism*), qui traduit la propension à manifester de l'hostilité vis-à-vis de groupes « étrangers ». L'intersection des deux est baptisée « altruisme paroissial »[27].

Selon ces auteurs, altruisme et esprit de clocher représenteraient des handicaps (ce que nous contestons pour le premier point : ne sommes-nous pas une espèce sociale ?) – à ceci près qu'ils agiraient de façon synergique. À la fin du pléistocène et au début de l'holocène, entre il y a plus de 120 000 ans et 10 000 ans – période de grande instabilité climatique –, la concurrence pour des ressources rares, voire des partenaires de reproduction, aurait avantagé les « altruistes paroissiaux ». L'esprit de paroisse aurait entretenu l'antipathie et l'hostilité à l'encontre des étrangers, tandis que l'altruisme aurait facilité la coordination de raids et d'affûts portés à des échelles rares chez d'autres animaux.

On ne poussera pas plus loin l'intéressante exploration spéculative de nos auteurs pour retenir ici l'hypothèse que la générosité et la solidarité dont nous avons su faire preuve entre nous pourraient n'avoir émergé que combinées à une hostilité latente vis-à-vis de concurrents extérieurs. Une tendance, celle-là, contre laquelle il nous faut lutter aujourd'hui, comme hier tentèrent de le faire l'Église et les sociétés traditionnelles en multipliant les jours d'interdits et les lieux d'asile.

6. Pour changer, renouer avec la nature

« L'homme doit reconnaître la nécessité où il se trouve de collaborer avec la nature. Il doit rabattre de ses exigences, utiliser et conserver les ressources naturelles du monde entier de la seule manière qui puisse permettre à la civilisation de se maintenir. La solution finale ne peut venir que d'une meilleure compréhension du grand et éternel processus des forces naturelles. Le temps est aujourd'hui fini où l'on pouvait espérer le braver impunément. »

Fairfield Osborn, 1948.

« Il est désormais difficile, écrit l'anthropologue Philippe Descola, de faire comme si les non-humains n'étaient pas partout au cœur de la vie sociale, qu'ils prennent la forme d'un singe avec qui l'on communique dans un laboratoire, de l'âme d'une igname visitant en rêve celui qui la cultive, d'un adversaire électronique à battre aux échecs ou d'un bœuf traité comme substitut d'une personne dans une prestation cérémonielle. Tirons-en les conséquences : l'analyse des interactions entre les habitants du monde ne peut plus se cantonner au seul secteur des institutions régissant la vie des hommes, comme si ce que l'on décrétait extérieur à eux n'était qu'un conglomérat anomique d'objets en attente de sens et d'utilité[1]. »

Abandonner la stratégie du bazooka pour promouvoir des agricultures façon judo, pour reprendre la formule utilisée dans le chapitre précédent, c'est non seulement rompre avec de mauvaises habitudes mais plus encore changer de vision du monde. Une vraie rupture – et c'est bien ce que prônent ces courants de pensée appelés indifféremment agroécologie, écoagriculture ou révolution doublement verte pour ce qui est du champ de l'agriculture et, plus largement, des documents tel le rapport de Tim Jackson pour une « prospérité sans croissance »[2].

Une révolution doublement verte

« Le concept de *révolution doublement verte* consiste à passer d'une logique de développement agricole fondée sur la *maîtrise* des milieux à une autre, fondée sur la *connivence* avec les écosystèmes : jouer *avec*, non *contre* la variabilité des systèmes, mettre en pratique dans l'agriculture la connaissance accumulée par l'écologie scientifique…

Il ajoute aux objectifs de la *révolution verte* ceux du maintien de la diversité biologique et de la résilience des écosystèmes.

[De fait], les économies de nombreux pays sont construites sur une rente naturelle. Les prélèvements sur le milieu sont effectués sans considération pour la résilience des écosystèmes. Le marché entretient ce processus car les coûts et prix n'internalisent pas la dégradation du capital naturel.

Une autre définition du concept d'intensification émerge. Plutôt que le rendement maximum sous conditions optimales, on recherchera un rendement satisfaisant, à moindre coût économique et écologique sous des conditions de variabilité écologique et économique. La recherche de solutions à *moindre coût* est cohérente avec l'objectif prioritaire de résorption de la pauvreté.

Ceci implique de repenser dans son ensemble le développement rural, à partir d'une approche globale et d'une stratégie "*bottom-up*" (qui part de la "base", des gens concernés).

La révolution doublement verte conduit à passer d'une logique d'administration à une logique contractuelle entre l'État et les communautés locales. L'obsession de la propriété dans la pensée économique fait oublier que les droits d'usage peuvent être sécurisés et transférables, dans le cadre de contrats avec l'État[3]. »

Quand Gordon Conway, Michel Griffon ou l'un d'entre nous (J.W.) appellent de leurs vœux une seconde révolution verte, c'est d'une révolution qui se démarque de la première – une révolution *doublement* verte. Les technologies de la révolution verte ont été développées dans des stations ou fermes expérimentales qui bénéficiaient de sols fertiles, d'alimentation en eau bien contrôlée et autres facteurs propices à des productions élevées, loin de la complexité, de la diversité et, tout simplement, de la réalité écologique des environnements naturels des agriculteurs, notamment du Sud – et plus encore de leurs environnements économiques et sociaux. La nouvelle révolution verte doit non seulement profiter aux agriculteurs pauvres mais, et pour cela, être applicable socialement et économiquement dans des conditions très variées et changeantes, et écologiquement soutenable. Cela suppose qu'elle s'appuie réellement, à la fois, sur les savoirs et ressources indigènes et sur les acquis les plus récents de l'écologie. C'est donc d'une révolution doublement verte que nous avons besoin, une révolution qui soit, à la fois, plus productrice que la première et plus « verte » en termes de conservation des ressources naturelles et de sauvegarde de l'environnement. Mais il est clair, comme le souligne Michel Griffon, qu'il s'agit bien là d'un changement de paradigme, au sens où les pratiques mises en œuvre dans les deux cas obéissent à des principes et des règles radicalement différents.

Il s'agit en effet de passer : de l'artificialisation la plus complète possible du milieu naturel à l'inscription des systèmes de production dans le cadre des écosystèmes locaux ; de l'utilisation des intrants en forçage du système de production à la recherche d'un équilibre biogéochimique entre intrants et extrants ; de la spécialisation des productions et la standardisation des cultivars et des techniques à la diversification des productions et des systèmes de culture ; de la protection absolue et la recherche de l'éradication des maladies et des ravageurs potentiels à une gestion de la diversité de l'agroécosystème et du paysage en vue d'une production durable et de qualité et de la contention des envahisseurs potentiels. Au-delà d'un renouvellement de technologie, c'est un changement complet de logique, qui implique une rupture dans la pensée opératoire de l'agriculteur. Une logique inspirée et étayée par les développements de l'écologie. On trouvera des exemples de démarches inspirées par la révolution doublement verte dans *Nourrir la planète*, de Michel Griffon[4].

C'est donc bien un changement de culture que prônent l'agro-écologie… et l'écoagriculture – la première partant plutôt de l'agriculture, la seconde de l'écologie[5].

Agroécologie : la science de l'agriculture soutenable

Ce titre de l'ouvrage-clé de Miguel Altieri, professeur à l'université de Berkeley, annonce la couleur. Si l'usage contemporain du terme « agroécologie » remonte aux années 1970 et ne s'est épanoui qu'à la fin des années 1980 et dans la décennie 1990, les pratiques de l'agro-écologie sont aussi vieilles que les origines de l'agriculture. De fait, on l'a vu, plus on se penche sur ce que certains appellent avec dédain les agricultures indigènes, plus il devient évident que de nombreux systèmes agricoles développés localement incorporent, suite à de longues habitudes, des mécanismes écologiques propres à adapter les cultures à la variabilité de l'environnement naturel et à les protéger des parasites, prédateurs ou espèces compétitives indésirables. Ces mécanismes ou procédés impliquent des intrants ou éléments disponibles régionalement et font appel à des propriétés écologiques ou structurelles tant du champ cultivé que des friches et de la végétation environnante.

De tels systèmes de production, rarement limités à une culture « cible » même s'il y a presque toujours une espèce dominante (riz, maïs, blé, taro, etc.), ont été conçus et sont conduits de manière à maintenir sur la durée la base productive de l'agriculture, en visant à amortir risques environnementaux et risques économiques. Ces agro-écosystèmes peuvent inclure des infrastructures telles que terrasses, tranchées, ouvrages d'irrigation et nécessitent des connaissances et compétences agronomiques décentralisées, développées localement. On est donc loin d'une agriculture primitive.

L'agroécologie : quelques définitions

– Selon Gliessman (1990) : « L'agroécologie se définit comme l'application de concepts et principes écologiques à la conception et à la gestion d'agroécosystèmes soutenables. »
– En 2003, un collectif international publie dans le *Journal of Sustainable Agriculture* une définition qui élargit le champ de l'agroécologie tout en lui donnant un statut pédagogique : « On définit l'agroécologie comme l'étude intégrée de l'écologie de l'ensemble du système alimentaire, englobant ses dimensions écologiques, économiques et sociales. Cette définition doit conduire à une approche pratique qui encourage chercheurs, éducateurs et étudiants à embrasser la totalité des systèmes avec leurs connectivités et qui devrait stimuler une focalisation sur le caractère unique de chaque endroit et les solutions appropriées à ses ressources et ses contraintes. Cette définition élargit notre pensée au-delà des pratiques de production et des impacts environnementaux immédiats au niveau du champ et de la ferme. »

Et selon Miguel Altieri : « L'agroécologie va au-delà d'une vision uni-dimensionnelle des agroécosystèmes – leur génétique, leur agronomie, leur édaphologie (étude des sols) – pour embrasser une compréhension et connaissance de leurs niveaux écologiques et sociaux de coévolution, d'organisation et de fonctionnement. L'agroécologie encourage les chercheurs à puiser dans les connaissances et compétences techniques des agriculteurs et à identifier le potentiel illimité d'assemblage de biodiversité capable de créer les synergismes bénéfiques qui apportent aux agroécosystèmes l'aptitude à rester ou retourner à un état intrinsèque de stabilité naturelle. »

Nouvelle science ou, plutôt, vision renouvelée des mondes agricoles, l'agroécologie répond aux attentes de la révolution doublement verte, c'est-à-dire d'agricultures à la fois productives et socialement et écologiquement soutenables : « Il faut donc, d'une certaine manière, répéter le succès de la révolution verte en termes d'accroissement de la production, mais d'une manière acceptable au plan de l'écologie et de l'environnement, économiquement viable, et de nature à réduire la pauvreté, c'est-à-dire fondée sur l'équité sociale», écrit Michel Griffon. Il ne s'agit pas de «retourner aux cavernes»; simplement, de reconnaître que les agricultures dites «traditionnelles» sont le fruit d'une longue expérience d'adaptation de sociétés rurales à leur environnement; de reconnaître qu'elles disposent de connaissances auxquelles les acquis les plus récents de la science permettent de donner, aujourd'hui, plein effet. Si on sait lire entre les lignes, on comprend bien que c'est d'une *révolution* qu'il s'agit là. Et ça ne saurait se faire tout seul !

En attendant que les pauvres aient droit à la parole, il serait bien que la science parle: est-ce que l'agriculture soutenable, ça marche ?

Face à l'idée reçue, propagée par l'agriculture dominante, selon laquelle seules des cultures intensives d'organismes génétiquement modifiés accompagnés d'un arsenal judicieux d'armes chimiques seront à même de nourrir les 9 milliards d'humains attendus au mitan du XXIe siècle, il est difficile de faire entendre le discours de l'agroécologie ou de l'agriculture biologique. Et, si parler de révolution doublement verte contribue à y mettre un peu de sel, ça ne suffit pas: on a besoin de preuves, d'éléments quantitatifs pour y «croire» face à la «vérité» de la pensée dominante qui, par définition, se passe de démonstrations avérées. N'est-ce pas plutôt de ce côté que règne la croyance ? Nous n'avons pas pu trouver une seule étude comparant les coûts et les bénéfices d'un passage de l'agriculture traditionnelle à une agriculture OGM qui n'aurait pas été financée par l'un ou l'autre des producteurs d'OGM, ce qui rend ces travaux nécessairement sujets à caution, quelle qu'en soit la qualité: pour le moins étonnant, s'agissant, nous dit-on, de la solution au problème de la faim dans le monde.

L'agriculture soutenable, ça marche

Qu'entend-on ici par cette expression, regroupant agroécologie, agriculture biologique ou agriculture écologiquement intensive ? «Une agriculture soutenable cherche à faire le meilleur usage des biens et services de la nature tout en ne dégradant pas l'environnement. Elle le fait en intégrant des processus naturels tels que le recyclage des nutriments, la fixation d'azote, la régénération des sols et l'entretien des populations d'ennemis naturels des ravageurs potentiels, au sein de la chaîne de production des aliments. Elle minimise aussi l'utilisation d'intrants non renouvelables qui nuisent à l'environnement ou portent atteinte à la santé des agriculteurs et des consommateurs. Elle utilise les connaissances et compétences techniques des agriculteurs, améliorant ainsi leur confiance en eux, et cherche également à faire un usage productif des capacités collectives des populations à travailler ensemble pour résoudre des problèmes de gestion communs, tels que le contrôle des ravageurs, l'aménagement d'un bassin versant, l'irrigation, l'exploitation d'une forêt et la gestion des crédits[6]. »

Une telle agriculture s'inscrit à l'échelle de paysages et dans des tissus économiques variés. Si elle produit d'abord de la nourriture au profit des familles paysannes elles-mêmes tout en alimentant les marchés nationaux ou internationaux, elle contribue aussi à toute une palette de biens publics tels que la fourniture d'eau potable, la protection vis-à-vis des inondations et diverses aménités liées aux paysages eux-mêmes. Enfin, ce type de système agricole adapté localement promeut et dépend de nouvelles configurations d'organisation sociale et de partenariats multiples entre institutions, collectivités paysannes, cadres techniques, qui le rendent plus apte à innover face à l'incertitude. L'exemple récent apporté par Cuba – et raconté dans l'ouvrage déjà cité d'Altieri – est ici particulièrement éclairant.

Cuba : la conversion de toute une nation à l'agriculture biologique

Suite à l'effondrement des relations commerciales de Cuba avec le bloc socialiste en 1990, les importations de pesticides chutèrent de plus de 60 %, celles d'engrais de 77 % et de pétrole pour l'agriculture de 50 %. D'un seul coup, un système agricole aussi moderne et industrialisé

que celui de la Californie fut confronté à un terrible défi : répondre simultanément aux besoins de doublement de la production alimentaire d'une part et de réduction de moitié des intrants d'autre part – tout en maintenant l'exportation d'une partie de ses récoltes pour ne pas altérer davantage sa balance commerciale.
Dès 1989, le gouvernement cubain adopta une politique en faveur d'une nouvelle science de l'agriculture plus adaptée aux ressources disponibles et au besoin d'autosuffisance alimentaire. Les nouvelles orientations de la recherche agronomique cubaine donnèrent la priorité à la compréhension et l'exploitation des capacités subtiles mais puissantes des organismes vivants à accomplir nombre des tâches laissées auparavant à des produits chimiques de synthèse. Engrais issus du vivant et contrôle biologique des ravageurs potentiels furent au cœur de cette nouvelle stratégie de gestion biologique sophistiquée des agroécosystèmes.
Il s'ensuivit une réorganisation profonde du système de recherche agricole et de ses structures d'application et de diffusion des informations. En bref, la prééminence des scientifiques comme concepteurs et producteurs des dispositifs et innovations techniques et des pratiques à mettre en œuvre par les agriculteurs céda le pas au profit d'un partenariat plus équilibré entre chercheurs, agriculteurs et agents techniques dans le développement et la dissémination de nouvelles approches agricoles.
Une des clés du nouveau modèle agricole cubain réside dans la recherche de nouvelles manières de réduire le recours aux produits phytosanitaires chimiques pour le contrôle des maladies, mauvaises herbes et ravageurs potentiels. Un des éléments de cette stratégie a résidé dans la promotion de centres de production d'entomophages et d'entomopathogènes (CREE) décentralisés et chargés de produire de façon « artisanale » des agents de contrôle biologique adaptés aux besoins : à la fin de 1992, 218 CREE avaient été créés, au service de l'État, des coopératives agricoles et des agriculteurs privés.

Au-delà de ce cas très particulier, dont il reste à vérifier les résultats sur la production agricole cubaine, est-ce que tout cela marche en pratique ?

Jules Pretty et son équipe de l'université d'Essex ont récemment réalisé une vaste enquête sur les améliorations et performances accomplies dans les pays en développement en matière d'agriculture soutenable – avec en arrière-pensée l'idée d'évaluer la capacité de cette dernière à répondre au défi de nourrir des populations croissantes en nombre et déjà exposées à l'insécurité alimentaire. Plus de 200 projets, dans 52 pays d'Afrique, d'Asie et d'Amérique latine, ont été examinés, dont plus de 98 % émergèrent dans la décennie 1990. Au total c'est près de 9 millions d'agriculteurs qui y furent mobilisés dans des pratiques d'agriculture soutenable sur environ 29 millions d'hectares. On notera que ces méthodes sont particulièrement opérationnelles pour les petits fermiers : la moitié environ des projets expertisés avaient une surface moyenne par agriculteur inférieure à l'hectare (et 90 % inférieure à 2 hectares).

Au total l'accroissement moyen de production alimentaire par hectare fut de 93 %. Ces améliorations de production se produisirent grâce à quatre types de mécanismes. Le premier a consisté en une modification d'une seule composante du système agricole, telle que l'intensification de jardins domestiques à l'aide de légumes ou de « l'arboriculture », la culture de légumes sur les bordures de rizières, ou l'introduction de mares à poissons ou de vaches laitières. Le second impliquait l'ajout de nouveaux éléments productifs au système de culture, tels que poissons ou crevettes dans une rizière ou encore agroforesterie, qui a un effet de stimulation sur la production alimentaire totale et les revenus mais n'affecte pas nécessairement la productivité en céréales. Le troisième résidait en une meilleure utilisation des services naturels pour accroître la production totale, qu'il s'agisse de l'eau (amélioration du dispositif de collecte ou d'irrigation) ou des terres (restauration de sols dégradés). Le quatrième visait à améliorer les productions à l'hectare des cultures de base par le biais de l'introduction dans les systèmes de culture d'éléments « régénérateurs » tels que des légumineuses, une gestion intégrée des ravageurs ou de nouvelles variétés de plantes ou de races animales localement plus appropriées.

Pour les projets où les données le permettaient, Pretty a également calculé l'accroissement de production alimentaire. Dans les 80 projets impliquant des exploitations de moins de 5 hectares et où les céréales constituaient la ressource principale, 4,5 millions d'agriculteurs sur 3,5 millions d'ha augmentèrent la production alimentaire par foyer de plus de 1,5 tonne par an, soit un accroissement de 73 %. Dans les 14 projets reposant sur des pommes de terre, la patate douce ou le manioc comme nourriture de base, les 146 000 agriculteurs concernés accrurent la production alimentaire des familles de 17 tonnes par an, soit un accroissement de 150 %. Dans les projets d'Amérique latine où les exploitations agricoles étaient plus étendues (90 ha en moyenne), la production par ferme augmenta de 150 tonnes par an, soit de 46 %. Il faut souligner en outre que ces évaluations globales négligent les bénéfices apportés par la diversité accrue des régimes alimentaires. De fait, dans beaucoup de cas, il y eut accroissement de la diversité des exploitations, suivi par une diversité elle-même accrue de la nourriture consommée par les familles d'agriculteurs, incluant les protéines de poissons issus des rizières ou de mares, divers produits animaux (dont le lait) ainsi que fruits et légumes.

Conclusion : oui, ça marche ! Et la leçon qu'il faut retenir est que quatre types d'améliorations techniques jouent des rôles majeurs dans ces accroissements agroécologiques de production alimentaire : l'amélioration de la santé des sols ; une utilisation plus efficiente de l'eau, que ce soit sur terre sèche ou irriguée ; le contrôle des ravageurs et mauvaises herbes avec utilisation nulle ou minimale de pesticides de synthèse ; et un refaçonnage de l'ensemble du système agricole. On y retrouve des éléments de cultures agraires anciennes, mais il ne s'agit pas là simplement d'un retour au passé : s'y ajoutent des idées nouvelles et des pratiques et techniques innovantes.

Une agriculture sans pesticides ?

Rêve ultime de l'agriculture soutenable, peut-on se libérer de la dépendance vis-à-vis des pesticides de synthèse ? De fait, avec l'agriculture moderne, cultures et paysans ont fini par être totalement dépendants d'une grande diversité de molécules de synthèse produites par l'agrochimie – herbicides, insecticides, fongicides – pour contrôler ravageurs, maladies et mauvaises herbes qui menacent récoltes et troupeaux. Ces produits représentent pour les paysans des investissements de plus en plus lourds – le marché américain dépassait, en 1998, 31 milliards de dollars américains[7] – et sont parfois dommageables pour leur santé. Chaque année les agriculteurs répandent 5 milliards de kilos de produits actifs et les neuf dixièmes de ce marché sont maintenant contrôlés par seulement huit compagnies. Cette dépendance est pourtant récente dans l'histoire de l'agriculture, puisqu'elle ne s'est vraiment imposée que durant la seconde moitié du XXe siècle, et de nombreux agriculteurs engagés dans l'agriculture soutenable n'ont cessé de développer des méthodes alternatives pour le contrôle des ravageurs et des maladies. Dans certains contextes cela peut signifier la fin des pesticides, parce que des pratiques moins coûteuses et environnementalement bénignes se révèlent parfaitement efficaces.

Les mirages des OGM et des bazookas chimiques ont néanmoins poussé dans l'oubli de nombreuses techniques, pratiques et innovations qui constituent ensemble ce que l'on a appelé la lutte biologique intégrée[8]. Un basculement significatif se produisit pourtant quand, au début des années 1980, Peter Kenmore et ses collègues montrèrent en Asie du Sud que, à l'opposé des idées reçues, les attaques de ravageurs en rizière étaient directement proportionnelles à la quantité de pesticides utilisés : « *more pesticides meant more pests* » ! La raison en est simple, écologique : les pesticides tuent les ennemis naturels des ravageurs potentiels (qui, de ce fait, deviennent actifs – omnipotents) tels qu'araignées, coléoptères ou parasitoïdes (des sortes de guêpes qui pondent leurs œufs dans d'autres insectes ou leurs larves, fonctionnant donc comme des parasites indirects ou différés, d'où ce nom qui leur a été donné de « parasitoïde »). Quand ces invertébrés sont éliminés des agroécosystèmes, alors les ravageurs pullulent – et leur capacité d'évolution rapide, favorisée par l'effet des grands nombres, leur permet de développer rapidement des mécanismes de résistance aux molécules chimiques qu'on leur oppose. Cela conduisit le gouvernement indonésien à bannir, en 1986, 57 types de pesticides des rizières tout en lançant un système national d'« écoles des champs » pour apprendre aux paysans les bénéfices apportés par la biodiversité à la bonne santé des champs. Un million d'agriculteurs sont aujourd'hui passés par ces 50 000 « écoles des champs ». Le succès social et humain de cette initiative a conduit d'autres pays à la reprendre[9].

En France aussi...

En France aussi, réduire les pesticides, c'est possible, nous dit Jean-Marc Meynard, chef du département Sciences pour l'action et le développement à l'INRA[10]. Et c'est nécessaire puisque, selon la loi « Grenelle 1 » du 31 août 2009, l'agriculture française devra utiliser en 2018 moitié moins de pesticides qu'aujourd'hui. Les syndicats majoritaires d'agriculteurs s'en inquiètent et dénoncent ce calendrier comme irréaliste. Or des solutions existent bel et bien, insiste Jean-Marc Meynard : il s'agit, entre autres, de diversifier les espèces cultivées sur les mêmes terrains ; de choisir en priorité des variétés résistantes aux maladies ; de favoriser les espèces auxiliaires (les ennemis naturels des ravageurs, tels les carabes ou les syrphes) et de rendre les plantes cultivées moins vulnérables aux maladies. Si les produits phytosanitaires ne sont pas totalement éliminés, ils ne sont plus utilisés qu'en dernier recours.

Ainsi, en modifiant judicieusement la date de semis, la densité, la fertilisation et la variété de blé, on peut diviser par deux le nombre moyen de traitements fongicides sur cette plante, sans réduire les revenus. Les cultures mixtes où l'on associe céréales et légumineuses sont moins sujettes au développement des « mauvaises herbes » et moins exigeantes en engrais azoté que des cultures « pures ».

En Picardie, l'association « Agro-transfert ressources et territoires » a mis en évidence, dans un réseau de huit fermes pilotes, une réduction moyenne de l'utilisation des pesticides de 51 % en 2006 et de 41 % en 2007 par rapport à la moyenne régionale, sans baisse de marge.

Bref, de nombreux pays ou régions nous donnent aujourd'hui une leçon à retenir : on peut réduire considérablement l'emploi des pesticides sans nuire à la production alimentaire ! Dans beaucoup de cas cela demande davantage d'implication humaine – ce qui est bon pour l'emploi et la vie des campagnes dès lors que la baisse des coûts de production ainsi obtenue permet de financer les emplois supplémentaires, à revenu de l'exploitation inchangé.

La nature n'a pas de prix

Si le développement économique entraîne la dégradation et le pillage de la nature, ce serait selon certains parce que biodiversité et écosystèmes échapperaient au marché. D'où la solution : faire entrer la biodiversité dans la sphère de l'économie de marché. Ou du moins, lui donner un prix. Sous-entendu, « nous autres humains ne respecterions que ce qui a un prix ». Pourtant, n'accordons-nous pas une grande valeur à l'amour, à l'amitié, à la solidarité ? Le sourire d'un enfant aurait-il un prix ? Revenons à l'évaluation économique des biens et services produits par la nature, les écosystèmes. C'est ce à quoi nous invitent l'économie écologique et l'évaluation des écosystèmes pour le millénaire[11].

Dans un article paru le 25 juin 2008 dans le quotidien *Le Monde* sous le titre « Il faut donner un prix à la biodiversité », Pavan Sukhdev, chargé d'une étude mondiale sur le coût de l'inaction en matière de biodiversité, insistait sur la nécessité qu'il y a à inventer une nouvelle économie dans laquelle le capital naturel serait une valeur qu'il faut rémunérer – entendant par là que les atteintes aux écosystèmes et aux ressources devront être compensées. Les non-humains et les écosystèmes n'ont pas de valeur intrinsèque. Le prix auquel nous payons le poisson ou l'eau n'a rien à voir avec la valeur de ces ressources : nous payons les coûts d'accès et ceux de leur transformation et de leur acheminement jusqu'au consommateur. De la même manière, notre survie dépend des services dont nous bénéficions gratuitement du fait de notre appartenance à des écosystèmes :

purification de l'air et de l'eau, contrôle des maladies à vecteurs, pollinisation, etc.

Nombre d'économistes voient dans cette gratuité la cause même de la dégradation des milieux et des ressources : « ce qui n'a pas de prix ne vaut rien », disent-ils, à l'encontre de l'expression populaire qui s'exclame « cela n'a pas de prix ! » pour désigner quelque chose que le marché ne saurait priser. Pour ces économistes, il suffirait de faire entrer dans la sphère marchande les écosystèmes et les services que nous en retirons pour que les individus respectent plus les milieux et leur « accordent une valeur ». Mais « accorder de la valeur » ne se réduit pas à donner une valeur purement monétaire. Le prix auquel se vendrait la Joconde ne dirait rien de sa valeur, non réductible à son prix. Et les anthropologues considèrent que l'on entend par « valeur » ce qui ne se vend pas, ne s'échange pas, mais au mieux se partage : l'amour, la fidélité, l'honneur, Dieu, la Constitution, autant de valeurs qui n'ont pas de prix.

Les économistes qui ont participé à l'évaluation des écosystèmes du millénaire (MEA) ont défini les services écologiques (ou écosystémiques) comme « ces services dont les êtres humains bénéficient, du fait du fonctionnement des écosystèmes ». La définition semble incomplète, qui fait des humains des consommateurs nets de services écologiques : toujours la logique « offre-demande », la logique marchande. En fait les humains, faisant partie des écosystèmes, contribuent à leur maintenance comme à leur dégradation, tantôt l'une, tantôt l'autre ; ils peuvent contribuer à l'amélioration du potentiel naturel aussi bien que le dégrader lorsque leur vision se résume à celle d'un stock à exploiter. Les responsables politiques et administratifs aiment pouvoir réduire la complexité à quelques chiffres. Commencez par considérer la biodiversité comme la somme des espèces ; attribuez un prix à chaque espèce ; ensuite, considérez les services écologiques comme indépendants les uns des autres et, pour faire bonne mesure, attribuez chaque service à un nombre limité d'espèces. Alors, vous donnez au décideur politique ou administratif un confort décisionnel aussi faux que pervers !

À la demande du Premier ministre, une commission du Conseil d'analyse stratégique (CAS) présidée par Bernard Chevassus-au-Louis s'est penchée pendant plus de six mois sur « l'économie de la biodiversité »[12]. La lettre de commande précisait qu'il était attendu de la commission qu'elle fournisse des « valeurs tutélaires » pour la biodiversité pour servir aux décisions, notamment en matière d'infrastructures. En effet, s'il est possible de conférer des prix aux éléments de la biodiversité et aux services écologiques, il deviendra facile d'intégrer ces « valeurs » aux coûts des infrastructures comme éléments de choix ; toujours le confort aussi faux que pervers... La commission a redéfini la biodiversité, distinguant :

- une biodiversité « remarquable » définie comme « la biodiversité qui a été remarquée », signifiant par là que son caractère remarquable tient à des jugements de valeur plus qu'à son rôle dans l'écosystème ou sa rareté. La biodiversité remarquable relève de la même catégorie patrimoniale que la cathédrale de Chartres : on se doit de l'entretenir, sans pour cela avoir besoin de mettre un prix dessus – que vaut la cathédrale de Chartres ?
- Une biodiversité appelée « ordinaire » et que la commission redéfinit comme « biodiversité générale ». Elle est la biodiversité dont nous tirons les services écologiques. Ces services sont le résultat des multiples interactions entre espèces de cette biodiversité générale. Attribuer des prix aux éléments de cette biodiversité, alors que nous bénéficions non des espèces mais de leurs interactions, n'a pas de sens.

La commission a donc préconisé de renoncer à donner des « valeurs » mais de *concevoir des méthodes de calcul des coûts de maintenance ou de restauration de la disponibilité des services écologiques*. Chaque mot compte, dans cette recommandation. La démarche de la commission Chevassus est profondément originale. Au plan scientifique, elle fait considérablement progresser la réflexion sur la prise en compte de la biodiversité et des services écologiques dans les évaluations de projets. Elle incite en outre à développer des méthodes de calculs de coûts, au lieu de donner des prix. Pour le non-spécialiste, quelle différence entre un « prix » et un « coût » ? Le prix est le résultat de l'égalisation d'un consentement à payer et d'un consentement à recevoir, à un moment donné. Le prix est instantané. Un coût ne résulte pas d'un agrément dans l'instant, mais d'un calcul lié au fonctionnement de l'écosystème : il n'est pas contingent. Une autre façon de le dire serait la suivante : le prix est une observation, le coût renvoie à des processus. La démarche de la commission Chevassus est également originale en ce qu'elle n'a pas – pas encore – les faveurs du plus grand nombre des économistes. Ainsi beaucoup d'économistes, notamment pour les financements européens, non seulement acceptent de mettre en prix la nature, mais en outre ne se choquent pas de transférer ces « prix » d'un contexte social et spatio-temporel à un autre, ce qu'ils appellent « le transfert de valeurs » ou « *benefits transfer* ». Non seulement il s'agit de faire des opinions monétairement exprimées la base de choix de conservation ou de gestion des écosystèmes, mais en plus de considérer que ces opinions des uns en un lieu peuvent être tenues pour être celles d'autres en d'autres lieux et d'autres temps… On atteint là, selon nous, au comble du dévoiement du raisonnement en « économie écologique »[13].

Si le problème de notre XXIe siècle, dans la continuité de ce qu'ont imprimé la révolution industrielle puis la société de consommation, est bien la confusion entre prix et valeurs, c'est-à-dire la perte des valeurs, le résoudra-t-on vraiment en mettant en prix la nature ? N'est-il pas dangereux de la mettre explicitement sous la coupe de l'économie de la finance ? Dans un monde où les hommes naissent égaux mais certains plus que d'autres, la mise en prix de la nature conduit inéluctablement à son appropriation par les « plus égaux que d'autres ». Nous sommes conscients de livrer un combat qui tient du baroud d'honneur : plus la mise en prix de la nature avancera, plus son caractère de propriété commune sera en danger de privatisation, d'*enclosure*.

Faut-il rappeler la phrase attribuée à Albert Einstein selon qui « on ne résout pas un problème avec les modes de pensée qui l'ont engendré » ?

La nature sort de sa réserve

Renouer avec le reste du monde vivant implique de se mettre à son écoute, de lui laisser des espaces de liberté. Pourtant, on a bien compris que la marque des humains était perceptible partout : même les glaces de l'Antarctique conservent dans leurs micro-bulles des traces de pesticides chimiques venus d'ailleurs. On sait aussi qu'avec le réchauffement climatique la biodiversité est partout ébranlée. Que plantes, papillons, oiseaux se déplacent vers les pôles, ou remontent en altitude.

Ici ou là pointent, en particulier dans des milieux peu compétents en la matière, des interrogations sournoises : pour préserver la biodiversité, les « espaces protégés », instrument classique des politiques de protection de la nature, seraient dépassés, inadaptés[14]. Selon la définition donnée en 1994 par l'assemblée générale de l'UICN, une aire protégée est « une zone de terre et/ou de mer particulièrement consacrée à la protection de la biodiversité et des ressources naturelles et culturelles qui lui sont associées, et gérées selon des lois ou autres moyens efficaces ». Actuellement, le réseau mondial des aires protégées couvre 12 % de la surface terrestre de la planète.

Historiquement, le symbole des politiques de protection de la nature fut la mise en place des « parcs nationaux », acte par lequel les États endossaient cette responsabilité nationale. Ce type de parc, comme les « réserves intégrales » de faune et de flore, a pour objectif de protéger la nature des atteintes des hommes… pour leur en offrir durablement les beautés. C'est sur cette base qu'a été créé, par exemple, le premier parc national, celui de Yellowstone aux États-Unis. C'était en 1872… et cela se fit au prix d'une guerre avec les Indiens Shoshones – et beaucoup de morts ! Il y avait bien quelque chose qui… clochait, dans cette politique de mise sous cloche de la nature. La valeur protectrice des parcs réside dans la surface du territoire concerné et dans l'application de la législation de protection. Les écologues ont en effet montré, dès la fin du XIXe siècle, que les populations animales et végétales étaient d'autant plus nombreuses et viables à long terme que les superficies des milieux favorables étaient élevées, et que la richesse en espèces croissait avec l'ampleur des territoires occupés. Ainsi, sauvegarder des espaces naturels de grande taille apparaissait comme une bonne stratégie scientifiquement fondée. Cependant, celle-ci avait trois points faibles : l'*a priori* simpliste selon lequel, en excluant les humains de ces espaces, on avait fait le plus difficile ; la quasi-inexistence de recherche scientifique dans sa mise en œuvre ; l'absence de considération pour la matrice où s'inscrivent les parcs, c'est-à-dire pour ce qui les environne.

La prise de conscience des menaces pesant sur la biodiversité a contribué à renforcer les critiques formulées à l'encontre des espaces protégés. La première critique est que ces espaces seraient de superficie trop réduite pour maintenir des populations assez nombreuses pour être viables à long terme. La deuxième, liée à la précédente, est qu'en raison des déplacements d'aires de répartition des espèces dus au réchauffement climatique, les réserves fixes, conçues pour sauvegarder telle ou telle espèce menacée, risquent d'être abandonnées par ces dernières et de perdre ainsi leur raison d'être. La troisième critique est plus générale et appelle à un changement de perspective. Elle conteste la pertinence d'une approche trop exclusivement ciblée sur des espaces ou des espèces remarquables (parce que remarquées), comme si le reste du territoire et des espèces était sans intérêt. Si l'objectif est de réconcilier les humains avec le monde vivant dans une perspective de développement durable, alors c'est à l'échelle de l'ensemble du territoire et de son aménagement que l'on doit se préoccuper de la conservation de la biodiversité. Tout cela est vrai, et nous y reviendrons. Néanmoins, il reste vital de s'appuyer sur un réseau d'espaces protégés aussi vastes et diversifiés que possible – tout en s'intéressant à ce qui l'environne, à savoir la « nature ordinaire » que le rapport Chevassus préconisait de rebaptiser « biodiversité générale ».

Les gestionnaires d'espaces protégés sont conscients du caractère dynamique de la nature. Ils savent d'expérience que les interactions, les adaptations et les réponses aux changements sont à l'origine même de la biodiversité, et que c'est tout cela qu'ils doivent gérer.

Aussi s'est vite imposée l'idée qu'une saine stratégie de conservation passait par la mise en réseau des espaces protégés, avec l'établissement de corridors écologiques reliant les zones à haute valeur biologique et à statut de protection stricte, et cela dans une matrice où zones tampons, zones de restauration et nature ordinaire auraient des rôles à jouer. Deuxième préoccupation : ce raisonnement devrait s'étendre et s'appliquer à l'échelle d'un continent. En Europe, cela s'est un peu concrétisé sous la forme du « réseau *Natura 2000* ». Ce réseau d'espaces protégés qui, en France métropolitaine, couvre 12 % du territoire, est la principale action de l'Union européenne en faveur de la préservation de la biodiversité.

Mais quelle est l'efficacité réelle de tels réseaux ? Dans quelle mesure le réseau mondial d'aires protégées remplit-il son objectif de protection de la biodiversité ? Ana Rodrigues, à l'époque au Center for Applied Biodiversity de Washington, avec une vingtaine de collègues de différents pays, a tenté de répondre à cette question en évaluant la représentativité des aires protégées. Autrement dit, quelle est la part de biodiversité, notamment d'espèces menacées, non couverte par le réseau mondial ? Il s'agissait donc de comparer, en les superposant, la distribution géographique des espèces recensées et celle des aires protégées. Une espèce était considérée comme « couverte » dès lors que son aire de répartition chevauchait une aire protégée.

L'analyse mondiale publiée par Ana Rodrigues et ses collèges en 2004[15] a porté sur 11 639 espèces de vertébrés. Parmi celles-ci, 1 424, soit 12 %, étaient hors protection. Mais cette proportion atteignait 26,6 % pour les amphibiens, groupe particulièrement menacé, on l'a vu. En outre, certaines espèces « couvertes » ne l'étaient que par des populations trop réduites ou trop marginales dans l'aire de répartition de l'espèce pour être viables à long terme, notamment dans le contexte de changements climatiques que l'on connaît. Et l'efficacité durable des mesures de protection est loin d'être assurée partout.

Une écologie ouverte à l'humain

En fait, contrairement à l'idée que l'on entretient parfois un peu vite dans la communauté des chercheurs, le monde de la protection de la nature a profondément évolué depuis l'époque de la création des premiers parcs nationaux. Et cela grâce à une réflexion de fond de grandes organisations non gouvernementales, telles l'UICN et le WWF (Fonds mondial pour la nature) – réflexion qui s'appuyait sur l'évolution des connaissances scientifiques en matière d'écologie. La préface de l'ouvrage collectif *Stratégie mondiale de la biodiversité*, publié en 1992, soulignait que le développement devait être centré à la fois sur les populations humaines et sur la conservation[16].

La nouveauté majeure de ce texte, par rapport à la philosophie longtemps dominante dans les milieux dédiés à la protection de la nature, est d'insister sur le fait que la conservation de la biodiversité ne se réduit pas à la protection d'espèces sauvages dans des réserves naturelles : elle consiste aussi et principalement à sauvegarder les grands écosystèmes de la planète, appréhendés comme la base même et le support de notre développement. En fait, cette petite révolution fut amorcée en 1971 avec le lancement du programme MAB (Man and Biosphere) de l'Unesco, concrétisé par la création de « réserves de biosphère »[17].

Réserves de biosphère

Il s'agit de territoires remarquables, mais habités, proposés par les acteurs locaux et désignés par l'Unesco dans le but d'intégrer la conservation de la biodiversité et le développement social et économique. Aires dont la vocation est d'expérimenter localement les conditions d'un développement durable, les réserves de biosphère ont une triple fonction de conservation, de développement et de logistique pour la recherche, la formation et l'éducation. Il en existe 10 en France et plus de 550 au total, organisées en un réseau mondial qui couvre 107 pays.

En France la gestion d'un tel dispositif est assurée soit par un parc national (exemples : parcs des Cévennes ou de Guadeloupe), soit par un parc naturel régional (exemples : Camargue ou Vosges du Nord), soit encore par un syndicat mixte ou une association (exemples : mont Ventoux ou pays de Fontainebleau et du Gâtinais).

Alliant objectifs de conservation et objectifs de développement, les réserves de biosphère peuvent et doivent couvrir des espaces beaucoup plus vastes que les réserves intégrales qu'elles renferment et associer les populations locales à la réalisation de ces objectifs – ce que ne facilitait pas la protection classique de la nature, ciblée sur quelques espèces phares (pandas, tigres, etc.) ou des paysages grandioses et fondée sur l'exclusion des humains. À partir d'une vision écologique large, ouverte à notre espèce *aussi*, il s'agit d'accompagner une dynamique complexe à l'échelle de toute une région et non de figer un état particulier de tel ou tel milieu supposé propice à telle ou telle espèce. C'est bien l'ensemble de la biodiversité qui est concerné, avec les sociétés humaines qui s'y inscrivent, et donc avec leurs villages, leurs villes et leurs champs cultivés. Que la France entière puisse accéder un jour au statut de réserve de biosphère est encore une utopie, mais nous espérons que cela puisse devenir une vision, puis une réalité !

Un exemple est la réserve de biosphère des Cévennes. Portée par le parc national du même nom, elle s'étale sur 323 000 hectares, tandis que les zones de réserve – ce qu'on appelle aujourd'hui le cœur du parc depuis la loi de 2006 qui a révisé la conception des parcs nationaux en s'inspirant des idées du MAB – ne couvrent que 14 000 hectares. Et plus de 40 000 personnes y vivent. Des essais de « développement durable » y sont entrepris à partir de pratiques et produits locaux. La filière de qualité créée autour des « agneaux de parcours » en est une illustration. Autre exemple, la réserve de biosphère des Vosges du Nord. Portée par le parc naturel régional du même nom, elle occupe 130 500 hectares dominés par la forêt, dont 5 604 en aire centrale. Avec près de 80 000 habitants, elle a connu, comme beaucoup d'autres régions, une régression des vergers de hautes tiges, conséquence de la déprise agricole et de l'intensification de l'agriculture. En organisant un « festival verger » qui regroupe de nombreux partenaires locaux et régionaux, en assurant un entretien de vergers par des chantiers d'insertion, en promouvant les produits régionaux, la réserve de biosphère des Vosges du Nord encourage une production agricole de qualité tout en favorisant le maintien d'espèces menacées associées à ce type de milieu, telles que la chouette chevêche ou les pies-grièches.

La prise en compte sociale et politique des objectifs de gestion durable des territoires, réserves et espaces agricoles compris, se heurte à un déficit de visibilité et de perception des enjeux à long terme qu'ils recouvrent. Comment corriger tout cela ? En rapprochant les citoyens des territoires dans lesquels ils vivent ou dont ils dépendent, en les impliquant dans les orientations et décisions d'aménagement desdits territoires. Ainsi, les réseaux d'espaces protégés se révèlent comme l'un des instruments majeurs de cette mutation nécessaire. En d'autres termes, ces réseaux doivent être appréhendés comme autant d'éléments d'un grand instrument de recherche, de formation et d'éducation, tout autant que comme dispositif national de gestion et de suivi de la biodiversité. Parallèlement, le potentiel de « recherche citoyenne » se développe et le poids des associations y est devenu déterminant. Ainsi, les indicateurs de biodiversité, tels ceux qu'apporte le programme STOC coordonné par le Muséum de Paris, n'auraient pu être mis en place sans la mobilisation des réseaux d'amateurs (plus d'un millier dans le cas cité) et le soutien d'associations (ici la LPO).

Il s'agit ainsi de s'appuyer sur les réseaux d'espaces protégés, et notamment sur les réserves de biosphère qui affichent clairement cette politique, basée sur la concertation[18], le renforcement des partenariats entre monde de la recherche et monde des citoyens, gestionnaires, associatifs et utilisateurs des milieux, pour développer un dispositif d'observatoires à long terme de la biodiversité et de l'écodéveloppement. Telle est la stratégie qui permettrait de faire face aux enjeux tout en créant le creuset à l'échelle régionale d'une science citoyenne, entité indispensable pour concevoir l'environnement et son aménagement dans une vraie perspective de développement durable : un défi de civilisation !

Le mirage du jardinier planétaire

Attention au mirage du bon jardinier, au rêve d'une gestion raisonnable de la biodiversité, à l'effrayante vanité qu'il y aurait à se prendre pour le « Grand Architecte de la nature », fût-ce avec les meilleures intentions du monde. La biosphère nous dépasse, avec ses milliards d'années d'expérience, la complexité de ses écosystèmes, l'inventivité surprenante de l'infinie multitude des êtres qui la composent : les deux premiers chapitres de cet ouvrage nous l'ont démontré. Sans parler de l'ampleur des dégâts déjà commis à vouloir imposer notre ordre (voir chap. 3).

Ainsi, des voix s'élèvent régulièrement pour dénoncer cet aveuglement, cette prétention folle et dangereuse. Récemment, dans un ouvrage intitulé *La Nature malade de la gestion*, Jean-Claude Génot, chargé de la protection de la nature au sein de la réserve de biosphère des Vosges du Nord, s'insurge contre ce qu'il appelle la « gestionite » et prône le « laisser-faire » : « C'est la production forestière qui a éliminé le grand tétras d'une grande partie du massif vosgien, ce sera la gestion qui l'achèvera dans ses derniers refuges. Que les protecteurs n'osent plus revendiquer de laisser faire la nature en dit long sur l'état de notre orgueil démesuré à vouloir tout régenter et surtout à être certain de le faire mieux que la nature[19]. » Mais « laisser faire la nature » suppose de la place, beaucoup de place. Et que veut dire ce laisser-faire quand la nature en question est déjà transformée par nos pratiques : nos paysages français, tous nos paysages, portent notre empreinte. Où sont, en effet, les grands prédateurs qui « gouvernaient » les écosystèmes de notre territoire ? Alors oui, laisser faire, mais jusqu'à un certain point. Et puis, pour pousser le raisonnement jusqu'au bout – celui prôné dans l'intitulé de ce chapitre –, ne faisons-nous pas partie, nous aussi, de cette nature ?

En conclusion, s'il faut rejeter avec entêtement toute illusion d'une gestion planétaire façon jardin à la française, force est de reconnaître que la sagesse consiste aujourd'hui à *accompagner* la nature, à s'en imprégner tout en modulant nos impacts sur elle, autant que nos interventions lorsqu'elles sont nécessaires. Ici, le naturaliste, l'écologue auront besoin de l'anthropologue… et du philosophe !

Agir *avec* la nature, nous dit Laurent Piermont dans un ouvrage tout récemment publié.

Bricoleurs en tous genres

Dans les années 1990, les écologues ont forgé l'expression « ingénieurs de l'écosystème »[20] pour mettre en relief et étudier cette capacité propre aux organismes vivants à transformer, directement ou indirectement, les milieux où ils se développent et à modifier en conséquence, positivement ou négativement, les disponibilités en abris ou en ressources alimentaires pour d'autres espèces.

Il est classique d'évoquer ici le castor et son travail d'ingénieur spécialisé en barrages et aménagements de cours d'eau, ce qu'il fait pour son propre usage. Des espèces en pâtissent, arbres ou poissons, d'autres en profitent. Et l'Homme râle ! Mais, ingénieurs de l'écosystème, le sont tout autant les discrets vers de terre qui, brassant et avalant des tonnes de sol chaque jour, le régénèrent et le maintiennent fertile pour le plus grand bénéfice de nos cultures. On citera encore les coraux, ces minuscules animaux qui, associés à une algue, bâtissent des récifs grandioses, véritables écosystèmes abritant près de la moitié de la biodiversité marine (voir chap. 3).

Et, nous autres humains, ne sommes-nous pas le plus bel exemple d'ingénieurs en écosystème ? Les agricultures dont nous avons longuement parlé ici sont une belle expression de notre fonction d'ingénieur écologique. La chose va plus loin : on en a fait une science appelée tantôt « écologie de la restauration », tantôt « ingénierie écologique »[21]. Les mauvaises langues qualifieront tout cela de « bricolage », clamant que réinventer la nature n'est pas une mince affaire, vu le temps qu'il lui a fallu et le concours de tant d'organismes pour être ce qu'elle est, faire ce qu'elle fait. Bricolage, soit. Il convient en effet de rester humble – nous avons retenu, n'est-ce pas, la leçon des trois premiers chapitres de cet ouvrage : la biosphère et ses écosystèmes nous dépassent.

Mais puisque nous détruisons, il faut bien réparer, la question n'est pas de s'en targuer mais de faire aussi bien que possible... en s'inspirant de la nature et en développant nos connaissances sur les écosystèmes. L'écologie de la restauration serait même, selon certains auteurs, le « test à l'acide » de notre compréhension des systèmes écologiques. Mais, dans sa vocation à initier ou accélérer la récupération d'écosystèmes affaiblis ou endommagés par nos activités, est-elle efficace ? Une étude récente[22] s'est efforcée de l'apprécier à travers l'analyse de 89 travaux rendant compte d'actions de restauration visant à rehausser la biodiversité et les services écologiques dans une large gamme d'écosystèmes à travers le globe. La restauration écologique entreprise avait accru la biodiversité et la fourniture de services de 44 % et 15 %, respectivement. Les améliorations obtenues restèrent cependant en deçà de ce qu'offrent les écosystèmes intacts qui servirent de témoins. De fait, reconstruire des écosystèmes n'est pas une mince affaire : l'histoire ci-dessous en est un bon exemple !

Reconstruire la forêt atlantique du Brésil : planter des arbres ne suffit pas

La forêt pluviale qui, le long de la côte Atlantique du Brésil, s'étendait autrefois sur plus d'un million de km^2 ne persiste plus aujourd'hui qu'à l'état de lambeaux représentant au total à peine 7 % de cette superficie.
En 2006 a été lancé le Riparian Forest Restoration Project, qui vise à reconstituer 1 million d'hectares de forêt pluviale. Les premières plantules ont été plantées par biologistes et fermiers en décembre 2006, mais on estime qu'il faudra des décennies et de l'ordre de 2 milliards

de plantules (et de dollars !) de centaines d'espèces d'arbres pour atteindre cet objectif.
Ce projet doit se focaliser sur la restauration de la forêt le long des berges dénudées des rivières et cours d'eau, établissant ainsi des couloirs de migration favorables aux plantes et aux animaux et contribuant à la protection de la santé écologique des voies d'eau. Des projets pilotes ont été initiés dans cinq bassins versants de l'État de São Paulo pour affiner la stratégie de replantation, cela grâce à 19 millions de dollars accordés par l'État, le GEF (Global Environment Facility) et la Banque mondiale. Au cœur de cette stratégie, on trouve le projet de l'arbre-mère : un plan détaillé pour constituer le stock de départ nécessaire à la régénération de la forêt. Le Mother Tree Project vise à trouver et marquer 15 000 arbres de 800 espèces différentes pour « nourrir » les programmes de récolte de graines et assurer une diversité génétique et spécifique adéquate pour la viabilité des forêts replantées.
De nombreuses tentatives antérieures de reforestation au Brésil avaient déjà échoué (98 sur 100 évaluées en 2000, selon Luiz Mauro Barbosa, directeur de l'Institut botanique de São Paulo : après un développement initial les arbres moururent et les « mauvaises herbes » s'imposèrent). Barbosa considère que la diversité est un ingrédient-clé du succès : pour réussir il faut au moins une trentaine d'espèces d'arbres. Une diversité équilibrée, avec des espèces appropriées pour les conditions locales, est nécessaire pour que la forêt se développe et recrute le reste de la flore et de la faune. Ainsi, un effort de reforestation dans l'ouest de l'État de São Paulo a commencé avec 42 espèces d'arbres, mais après dix ans seules quatre espèces pionnières dominaient la canopée supérieure. Une difficulté résiderait dans la disponibilité limitée de facteurs tels que l'eau, des nutriments et un microclimat convenable qui mettent des espèces à croissance lente en désavantage compétitif relativement à des essences pionnières à croissance rapide ou à des herbes.
De plus, certains biologistes pensent que la restauration de la forêt pluviale exige plus qu'une étroite focalisation sur les arbres. Ademir Reis, maintenant à l'université de Santa Catarina, et Fernando Bechara, à la Casa da Floresta Assessoria Ambiental de Piracicaba, ont développé une technique expérimentale connue sous le nom de « nucléation ». Elle

vise à permettre d'emblée l'établissement des relations écologiques essentielles à la vie animale et végétale en créant une large variété de niches. Dans des parcelles tests les biologistes ont combiné une diversité de techniques : ils ont érigé des perches pour attirer oiseaux et chauves-souris, construit des abris pour les petits mammifères et planté herbes et arbustes (évités dans la reforestation traditionnelle car appréhendés en tant que compétiteurs pour les arbres) pour attirer les papillons. Ils ont aussi transposé des carrés de sols de surface provenant de forêts intactes, apportant microbes, vers de terre et champignons. Un an après, Bechara notait le retour de 35 espèces d'oiseaux dans les parcelles expérimentales[23].

Vers des industries vertes innovantes

Au-delà de la science encore jeune de l'écologie de la restauration, on dispose de toute une gamme de pratiques qui méritent le nom d'« ingénieries écologiques » dès lors qu'elles s'inscrivent dans une perspective écosystémique et s'inspirent de l'écologie… ou de la nature. S'inspirer de la nature *parce que ça marche*, nous dit Jean-Marie Pelt[24], et de raconter deux histoires, qui vont nous permettre d'introduire la suite.

Dans les marécages à cyprès chauves de Floride, paysages étranges où le tronc des arbres émerge de l'eau tandis que les racines immergées lancent vers l'air de curieux moignons avides d'oxygène, plus de 95 % de l'azote et du phosphore contenus dans les eaux usées qui s'y déversent sont éliminés avant que celles-ci rejoignent la nappe phréatique. Deuxième exemple, à l'est de Calcutta, on relève le même phénomène pour les 8 000 hectares de marais qui forment une mosaïque de canaux bordés d'arbres : parcelles maraîchères, rizières et étangs de pisciculture transforment et épurent les eaux usées issues de cette mégalopole tout en produisant quotidiennement 20 tonnes de poissons et 150 tonnes de légumes.

S'inspirer de la nature, c'est déjà ce que font les agricultures

« alternatives » évoquées à propos de la révolution doublement verte et de l'agroécologie. Mais aussi des industries en émergence (remontant parfois à l'Antiquité, égyptienne, chinoise ou autre) telles celles de la bioremédiation ou de la phytorestauration[25].

On appelle « bioremédiation » un vaste ensemble de techniques mettant à contribution des micro-organismes ou des plantes pour dépolluer des sols ou des milieux aquatiques. De fait, notre planète est de plus en plus polluée par des composés chimiques issus des activités humaines – qu'il s'agisse de lâchers accidentels dans l'environnement (pétrole, solvants), de conséquences d'activités industrielles (chimiques, pétrochimiques, papeteries), des effets de l'agriculture intensive (pesticides), sans parler de nos exploits militaires (défoliants, explosifs). Il y a donc beaucoup à faire : actuellement 6 à 8 milliards de dollars sont dépensés chaque année aux États-Unis pour le nettoyage de l'environnement ; cela atteint entre 25 et 50 milliards pour le monde entier.

La plupart des pratiques de restauration font encore appel à des méthodes conventionnelles telles que l'enfouissement, le recouvrement, le lavage ou le brûlage des sols. De nouvelles méthodes, plus écologiques et plus économiques, qui relèvent toutes de ce que l'on appelle maintenant la « bioremédiation », se développent pourtant avec succès. C'est le cas, par exemple, de la *phytoremédiation*, qui rassemble une gamme de technologies utilisant les plantes pour extraire, réduire, dégrader ou immobiliser les polluants environnementaux des eaux et des sols, restaurant ainsi des sites contaminés en les rendant non toxiques. On parle de *phytoextraction* quand les polluants sont pompés par les racines et s'accumulent dans les tissus aériens de la plante qui est ensuite récoltée. On utilise couramment aujourd'hui des plantes telles que l'Arabette ou la Jacinthe d'eau pour extraire des métaux lourds comme le cuivre ou le plomb. Des chercheurs de l'université de Coimbra, au Portugal, ont récemment découvert qu'une plante aquatique locale, *Callitriche stagnalis*, était capable d'absorber l'uranium, réduisant de moitié en 24 heures le taux présent dans un cours d'eau.

La bioremédiation est une industrie prometteuse sur le plan

économique. Elle représente aujourd'hui un chiffre d'affaires de 100 millions d'euros et pourrait peser 10 milliards d'euros dans le monde d'ici quelques années[26].

Enfin, on terminera sur un exemple d'entreprise française, Phytorestore, qui s'est illustrée dans ce vaste domaine de la phytorestauration en développant la technique des jardins filtrants[27] – inspirée des expériences rapportées ci-dessus par Jean-Marie Pelt et qui avaient frappé Thierry Jacquet, créateur de Phytorestore. Il s'agit d'espaces paysagers conçus en zones humides artificielles destinées au traitement des pollutions. Ils combinent les principales composantes d'un écosystème – plantes, micro-organismes, sols soigneusement choisis et adaptés pour traiter les eaux usées ou de finition (élimination des charges organiques, de l'azote, du phosphore, désinfection des germes, biodégradation de nouvelles molécules…). Grâce à un spectre large de traitements des milieux naturels et à l'utilisation combinée de plusieurs technologies de phytorestauration, ces jardins filtrants permettent de traiter les différents types de pollution rencontrés en adaptant le choix des technologies végétales au cas par cas. Ils peuvent constituer de véritables jardins publics paysagers, en plus de leur efficacité reconnue comme complément des stations d'épuration. Ils participent aussi au maintien ou à la reconstitution de milieux humides diversifiés avec une faune et une flore spécifiques. Parmi les réalisations de cette entreprise Phytorestore, on citera le jardin filtrant d'Organon, usine de produits pharmaceutiques sise à Éragny-sur-Epte, dans l'Oise ; et l'aménagement d'un éco-quartier de 50 000 habitants à Wuhan en Chine.

7. Changer d'ère

> « Au moment où elle est tentée de s'évader dans le cybermonde, l'humanité doit accomplir un effort cognitif aussi immense que celui qui fut réalisé lors de la révolution néolithique ou de la révolution industrielle, pour apprendre à vivre dans les limites d'une planète solitaire. Pour la première fois de son histoire, elle ne peut plus se permettre de corriger, après coup, ses erreurs…
> Cet effort n'est ni impossible ni même improbable, mais plus simplement : il n'est pas certain. »
>
> Daniel Cohen, 2009.

Ménager à la fois la chèvre de l'industrie et le chou de la nature suppose que s'accomplissent de profonds changements. Bien plus que des infléchissements : des changements de cap.

Changer, la nature connaît : « La vie qui engendre la vie, c'est ça le changement », proclamait déjà, il y a plusieurs milliers d'années, le *Yi-king* – ce « Livre du changement » des anciens Chinois. L'histoire des hommes n'est-elle pas, elle aussi, marquée par de continuels changements ? Qu'il s'agisse de la biodiversité dans son ensemble ou de sa composante humaine, il faut bien reconnaître que cette dynamique de changements fut souvent brutale, bouleversante : éruptions volcaniques, irruptions de chaînes de montagnes, glaciations, chocs d'astéroïdes, montées ou reculs des océans, révolutions agricoles, révolutions industrielles, révolutions sociales, guerres, famines, épidémies ravageuses… On comprend que l'idée de changer fasse peur, mais en ce qui nous concerne le choix est entre des changements *subis* ou des changements *construits*, adoptés collectivement, anticipés. Des changements adaptatifs. Si l'avenir n'est pas prévisible, il est en partie décidable : à l'inverse de la sagesse populaire, « prévoir c'est gouverner[1] ».

Le champ qui s'ouvre là est vaste et truffé de mines, obscurci, qui plus est, par cet étrange et dangereux aveuglement que dénonce la philosophe et politologue Thérèse Delpech : « Ce que notre époque a de plus singulier est la conviction que le mal est installé au cœur de l'histoire et le refus frénétique de ce constat. L'homme du XXIe siècle présente ainsi une étrange ressemblance avec l'homme primitif qui cherche à repousser le mal au-delà du monde connu et à le transformer en tabou. Pour lui comme pour nous le mal porte malheur. Il faut s'en détourner[2]. »

Le « lobby des dinosaures », emporté par une grande crise d'extinction il y a 65 millions d'années, n'aurait certainement pas spontanément cédé la place aux mammifères qui s'épanouirent ensuite – ni partagé volontiers les ressources qu'il exploitait ! D'autres lobbies se sont constitués dans nos sociétés ; des comportements, cortèges d'habitudes, des niveaux et types de consommation se sont installés parmi nous – et changer tout cela, changer vite car le temps presse, est rien moins que facile. Pire, c'est coûteux. Mais laisser aux chocs de la réalité imposée, aux catastrophes sociales, économiques et écologiques, le volant du changement sera bien plus coûteux encore. C'est le principal message que nous a adressé l'économiste britannique Nicholas Stern[3] à propos de la nécessité d'une mobilisation active pour parer le choc des changements climatiques annoncés.

Citoyens, savants et techniciens

« On ne commande à la nature qu'en lui obéissant », disait Francis Bacon. Est-ce bien entendu ? La stratégie de la *connivence* avec la nature, plutôt que celle de la *maîtrise en force*, nous ouvre des perspectives de viabilité à long terme. Celle-là devrait donc s'imposer en place de celle-ci. On entend d'ici la voix unanime des experts du raisonnable : « Tout cela est bien gentil, sympathique – mais ça ne fait pas le poids face aux exigences des consommateurs que nous sommes tous et à la super-efficacité des technologies modernes. Cessez de rêver ! »

En fait, ce sempiternel refrain peut être entendu de deux façons : s'agit-il de nier la possibilité de toute alternative aux modes de fonctionnement actuels du monde ? Et l'on répond tout net que cette argumentation est dénuée de fondements scientifiques et donc ici malhonnête. Ou bien veut-on laisser entendre que, étant donné la puissance étouffante de l'organisation industrielle, technologique et financière qui s'est imposée peu à peu depuis trois siècles, tout basculement serait impossible, interdit en quelque sorte ? Pourtant, l'organisation économique du monde actuel n'a que bien peu à voir avec celle de la première moitié du XXe siècle. Le capital financier a pris la place du capital industriel dans la conduite du monde ; les bouleversements technologiques, avec l'atome, l'ordinateur, l'Internet, la génétique et le nanomonde ont engendré un monde totalement différent et en évolution aussi rapide que hors de contrôle. Hélas, beaucoup d'honnêtes gens intériorisent cette soi-disant inéluctabilité. Mais c'est une faute grave – *Yes we can!* disait il y a peu quelqu'un à qui ça a plutôt réussi. Une faute grave, car c'est se résoudre à l'inexorable catastrophe, à la démission de l'Humain ainsi tenu sous l'étouffoir. Doit-on se soumettre, accepter le destin du poulet de batterie auquel tout cela nous conduirait ?

Est-ce donc à dire que, forts de cette inventivité incessante des paysanneries du monde et des atouts écologiques d'une révolution doublement verte, nous n'aurions plus besoin des apports de nouvelles recherches et de nouvelles technologies ? Certainement pas. Prôner des approches écologiques, c'est-à-dire diversifiées, évolutives et systémiques, c'est plaider en faveur de toutes les astuces et novations fructueuses, *d'où qu'elles viennent* : des instituts nationaux et internationaux de recherche, des entreprises qui investissent dans la recherche et innovent, du monde associatif, comme des paysanneries indigènes, qui n'ont de traditionnel que leur enracinement dans une longue histoire pétrie d'expérience et de coutumes. À l'inverse des « traditions », que l'on évoque pour refuser tout changement, les coutumes évoluent. Ainsi, l'Angleterre est une nation régie par la coutume, ce qui ne l'empêche pas d'être moderne. Accueillir et intégrer toutes les connaissances, toutes les pratiques qui peuvent contribuer à promouvoir des agricultures soutenables, à restaurer des milieux ou écosystèmes dégradés, à inventer des villes écologiques et à nous permettre de tirer le meilleur parti de toutes les ressources que nous offrent la Terre et l'ingéniosité des humains[4] ; intégrer, rassembler, comme on le voit dans l'exemple ci-dessous à partir d'une histoire de riz – pour en rester au volet agricole de cette réflexion : tel est notre message.

Le riz et la cicadelle

(suite de l'histoire commencée chapitre 4 – voir p. 85)

Pour conférer à la plante une résistance durable aux insectes qui pourraient la convoiter, il faut généralement plusieurs gènes, une amélioration continue des variétés utilisées, et des pratiques agricoles subtiles. C'est ce qu'a démontré la lutte contre la cicadelle brune, un minuscule insecte qui suce la sève des tiges de riz et infecte parfois la plante avec des virus agents d'infections mortelles. Dans les années 1970, la cicadelle a été maîtrisée grâce à ce qu'on appelle la « gestion intégrée des ravageurs », stratégie qui encourage l'utilisation des prédateurs naturels et le développement de variétés résistantes. Mais, en moins d'une décennie, les cicadelles surmontèrent les défenses des plantes jusque-là résistantes aussi bien que l'insecticide largement utilisé dans les rizières. Les pertes annuelles atteignirent 2,8 millions de tonnes pour la Chine et quelque 700 000 tonnes au Vietnam. L'un des aspects du problème fut vite identifié : la surutilisation de pesticides avait éliminé les prédateurs naturels de la cicadelle. Exemple typique, selon Kong Luen Heong, entomologiste à l'IRRI, de pratiques non soutenables. Il prône pour y remédier le développement de variétés résistantes, la limitation du recours aux pesticides et le changement des pratiques agricoles[5].

Ainsi toutes les compétences sont bienvenues pour répondre au défi de nourrir une population humaine lancée pour atteindre les 9 milliards de ventres à l'horizon 2050. La lutte est sans fin, comme l'évolution qui sous-tend la dynamique du vivant. Il faut accepter et intégrer, après les avoir éprouvées, toutes les innovations. Celles de la nature d'abord : la diversité génétique des espèces d'intérêt alimentaire ; mais aussi la richesse en espèces de toutes sortes, à vertus multiples, sources de molécules d'intérêt ou auxiliaires de nos champs et plantations. Celles de la culture ensuite : la profusion des variétés de blé, de riz, de pommes de terre, de haricots, de races de chèvres, de vaches, etc., développées par les cultures indigènes tout au long de l'histoire de la domestication des plantes et des animaux ; la diversité et l'ingéniosité des pratiques, adaptées à la prodigieuse variété des environnements occupés par les humains. Et celles des technologies modernes, enfin. Attardons-nous un peu sur quelques voies que la science nous dessine, les autres aspects ayant déjà été traités. Nous évoquerons ici trois voies, trois pistes explorées, entre autres, par des chercheurs passionnés[6], et qui reposent en partie sur le développement d'OGM sophistiqués : 1) transformer des céréales annuelles, du blé par exemple, en plantes pérennes ; 2) améliorer le manioc, nourriture de base de quelque 250 millions d'Africains au sud du Sahara ; 3) doper les performances photosynthétiques du riz.

Jerry Glover, agroécologue à Salinas au Kansas, et son réseau de collaborateurs de par le monde ont pour rêve de faire du blé une plante pérenne (ou vivace). Près de 85 % des terres cultivées le sont avec des plantes annuelles. La plupart des exploitations qui s'y adonnent pratiquent des labours, lesquels entraînent érosion, pertes de carbone et appauvrissement de la vie du sol. On sait que l'abandon du labour se pratique de plus en plus et avec succès, les graines étant plantées dans une terre non retournée. Pratiquées avec des plantes annuelles, ces techniques ne permettent toutefois pas aux racines de s'ancrer profondément dans le sol comme cela se produit avec des espèces pérennes, faute de temps de croissance. Un blé pérenne, qui persisterait donc d'année en année, pourrait se doter de racines profondes. Il demanderait moins d'engrais, moins de passages de lourdes machines et bénéficierait de saisons de croissance allongées. Bref, on s'approcherait là de modèles bien connus comme les prairies permanentes ou les savanes. Voilà le défi qu'entend relever Jerry Glover, même s'il y faudra plusieurs décennies, vu l'ampleur des manipulations génétiques que cela suppose !

Le pari de Richard Sayre, directeur de la BioCassava Plus Collaboration financée par la fondation Bill & Melinda Gates, est plus accessible, à l'échelle de temps des cinq ans du financement alloué (12 millions de dollars) : faire du manioc, une plante sud-américaine largement cultivée en Afrique, une source de nourriture riche en protéines et micronutriments variés, ce qu'elle n'est pas encore, tant s'en faut. Pour cet objectif, Richard Sayre coordonne un réseau de dix-neuf chercheurs de cinq continents et s'emploie à acquérir les droits intellectuels d'utilisation des gènes et procédures adéquats pour mettre les maniocs améliorés dans le domaine public. L'enjeu est considérable : le manioc est une nourriture de base pour des centaines de millions d'Africains ; tolérant à la sécheresse, il pousse bien dans des sols pauvres et demande peu de travail. Revers de la médaille, il est relativement pauvre en nutriments et beaucoup de variétés renferment des composés amers qui se transforment en cyanides toxiques pendant la digestion (ce qui nécessite de longs détrempages et des cuissons poussées). L'objectif de BioCassava Plus est d'améliorer le manioc, à la fois en tant que culture et comme produit alimentaire. Depuis 2005 où l'aventure a commencé, le consortium réuni par Richard Sayre a développé plusieurs modifications génétiques visant à apporter les nutriments nécessaires de telle sorte que 500 g de manioc pourraient fournir l'allocation journalière minimale. Ces nutriments cibles incluent vitamine A, vitamine E, zinc et fer bioaccessibles ainsi que des protéines. Une autre variété génétiquement transformée résiste maintenant à plusieurs infections virales tandis qu'une troisième a été « ingéniérée » pour perdre ses propriétés cyanogènes. Reste à réunir tout cela. Et, pense Sayre, pour surmonter les réticences des populations vis-à-vis de variétés transgéniques, il faudra faire en sorte que l'introgression des gènes soit réalisée par les Africains eux-mêmes et en Afrique (les essais en champ actuellement en cours le sont à Porto Rico).

Troisième rêve, dont se sont emparés, entre autres, John Sheehy, chercheur à l'IRRI de Laguna (Philippines), et Julian Hibberd, spécialiste de la photosynthèse à Cambridge (Royaume-Uni) : fabriquer du riz « en C4 », dont la productivité serait accrue de 50 %. De quoi s'agit-il ? On sait que certaines plantes qui poussent dans des climats chauds, tel le maïs par exemple, sont dotées de mécanismes photosynthétiques particulièrement performants. Elles fixent le CO_2 dans un sucre à 4 atomes de carbone, et non 3 comme leurs consœurs dites pour cela « plantes en C3 », accroissant ainsi l'efficacité de la photosynthèse. Ce processus de photosynthèse en C4 aurait évolué indépendamment des douzaines de fois – ce qui laisse penser que le recréer une nouvelle fois (en transférant des gènes de maïs au riz, par exemple) est raisonnablement envisageable même si cela suppose des modifications dans la biochimie, la morphologie et la structure des organites de la feuille qui sont complexes !

Revenons au rôle des sciences et des techniques : qu'elles aient pu conduire à des pratiques dont on déplore aujourd'hui les impacts négatifs ne procède pas directement de l'exercice scientifique : c'est le contexte politique, social et économique qui est en cause. C'est donc dans cette arène que les débats doivent être portés, redonnant aux citoyens, à la démocratie, toute leur place. Pour cela, l'expertise collective et les conférences de citoyens s'avèrent des outils indispensables[7].

En attendant, restons attentifs à la claire mise en garde du physicien Étienne Klein : « Pour le scientifique que je suis, il s'agit d'abord de sortir du piège de la logique binaire, de deux idéologies diamétralement opposées aux effets également ravageurs. Celle qui avance qu'un engagement dans toujours plus de science et de développement technologique suffira, de *lui-même*, à nous tirer d'affaire – comme si tous nos problèmes n'étaient finalement que d'ordre scientifique ! Et celle qui, sous prétexte que l'entreprise scientifique a parfois mis le cap sur le pire, défend que nous devrions au contraire la freiner ou l'abandonner, voire marginaliser les connaissances que nous lui devons – comme s'il suffisait d'en savoir moins pour mieux se comporter ! Comme si les erreurs commises au nom de la science, ou grâce à elle, rendaient l'ignorance valeureuse[8] ! »

Cela dit, donnons un moment la parole aux agents pathogènes : que pensent-ils de nos erreurs, précisément ?

La stratégie mondiale des agents pathogènes dévoilée dans un éditorial de la revue *Science*

Les éditeurs de *Science*, Thomas Eisner et Paul Ehrlich, dévoilent ci-dessous le contenu de la conférence plénière donnée au dernier congrès de l'Association mondiale des agents pathogènes par son président, le professeur Prion (rendu célèbre par la crise qu'ont connue certains pays sous le nom de « maladie de la vache folle »).

« Chers confrères et amis agents infectieux, la situation est grave : la plupart de nos hôtes naturels sont en train de disparaître, victimes des appétits croissants d'une seule espèce, *Homo sapiens*. Espèce invasive s'il en fut, qui menace les équilibres de la biosphère et pille nos ressources alimentaires. Il est impératif d'agir. Heureusement, dans ce désastre sans précédent il y a un germe d'espoir… et une opportunité à saisir pour nous autres les germes ! Dans notre tradition pétrie d'évolutionnisme, nous devons nous préparer à changer nos habitudes et à conquérir de nouveaux habitats, de nouveaux hôtes. En un mot : notre avenir est dans l'*Homophagie.*

De nombreux facteurs nous donnent de l'espoir. *Homo sapiens* est remarquablement hospitalier à notre égard. De nombreuses populations humaines sont maintenant affaiblies, sous-alimentées ou immunodéficientes (merci à notre collègue VIH), privées d'eau potable ou victimes de conflits atroces (inhumains, oserais-je dire). De plus ces animaux ont un penchant à se déplacer sans cesse, répandant ainsi de par le monde nos vétérans tout en offrant à nos novices d'intéressantes opportunités à se joindre au festin. Songez qu'ils dépensent leurs ressources médicinales sur un petit nombre d'entre nous et qu'ils gâchent, par mésusage, leurs antibiotiques, leur meilleure arme contre nous – aveugles qu'ils sont à notre capacité évolutive à développer des résistances. Et voilà qu'ils sont en train de changer le climat, nous ouvrant ainsi des frontières géographiques autrefois infranchissables.

En conclusion, amis pathogènes, *Homo sapiens* est une opportunité dont nous devrions tous profiter : présents partout, eux et leurs cultures et élevages intensifs, poussés à l'uniformisation pour produire toujours plus (à quoi donc servent toutes leurs connaissances ?), ils cumulent le double avantage de l'omniprésence et de la vulnérabilité – un riche avenir s'offre à nous ! »[9].

Rendre la science aux citoyens

Dans son *Galilée et les Indiens*, illustration et défense de la science par temps de défiance, Étienne Klein achève son premier chapitre sur ces termes : « En rencontrant ces Indiens, j'ai compris toute l'ambivalence du geste galiléen. L'acte qui a conféré à la science son efficacité lui a donné dans le même mouvement sa puissance. Moi qui, quelques années plus tôt, ne concevais pas qu'on pût trouver la moindre part d'ombre au génie de l'Italien, j'ai compris que les problèmes posés par la puissance de la (techno)science était *en germe* dans le geste qui a fondé la science moderne. Pour autant, je ne voudrais pas qu'on liquide l'esprit de la science au motif d'un mauvais usage du monde. » Pour ne pas compromettre, comme l'évoque Étienne Klein, l'*esprit de la science* menacé par les « vertiges de la technoscience »[10] et le « mauvais usage du monde », il faut faire partager la science et l'ouvrir à tous les citoyens.

Dans ce but se sont développées ici ou là des conférences de consensus ou conférences de citoyens, arènes permettant l'incarnation de cette démocratie participative dont on ressent tellement le besoin, dans ces temps de crise et d'aspiration à de vrais changements dans l'« usage du monde » ! Lancées au Danemark il y a une vingtaine d'années, et inspirées d'une procédure créée aux États-Unis (mais, au Royaume-Uni, les « *citizen jurys* » existent de longue date), ces conférences sont une procédure destinée à préparer les débats parlementaires sur les choix technologiques en plaçant les citoyens au centre d'un processus d'évaluation publique et contradictoire. La terminologie « conférence de consensus », d'origine scandinave et anglo-saxonne, est toutefois très mal adaptée à la conception française de la démocratie (dissensuelle !). On devra donc l'éviter.

Ainsi que le souligne Philippe Roqueplo, « l'expertise exige des scientifiques qu'ils expriment des convictions qui vont bien au-delà de leur savoir[11] ». D'où l'intérêt qu'il y a d'une part à recourir autant que possible à des exercices d'expertise scientifique *collective*, comme cela se pratique de plus en plus[12], et d'autre part à développer la démocratie participative que mettent en œuvre les conférences de citoyens, coordonnées par un comité de pilotage qui s'appuie d'un côté sur un panel de formateurs, de l'autre sur le dialogue entre un panel de profanes et un panel d'experts[13]. Sur une telle base, soulignent Dominique Bourg et Daniel Boy, la démocratie participative ne saurait être conçue comme s'opposant à la démocratie représentative mais bien comme un moyen d'en renforcer la légitimité : « Elle aurait pour intérêt essentiel de réintroduire au cœur de la vie parlementaire *l'exercice de la raison publique*. »

La montée en puissance des problèmes touchant à l'environnement – réchauffement climatique, effondrement des écosystèmes, raréfaction des ressources – jointe à la crise de la démocratie représentative, qui frappe même de grandes démocraties, rendent nécessaire la participation des citoyens *en amont* de la décision publique. C'est dans ce cadre qu'il faut accepter de débattre de la mise en œuvre de nouvelles technologies – comme nous y invitait Jeremy Rifkin à propos de la révolution qu'il voyait se profiler derrière la montée en puissance des biotechnologies : « Nous en sommes encore aux premiers balbutiements de cette nouvelle science : puissions-nous tirer les leçons des deux précédentes révolutions scientifiques, celle de la physique au XIXe siècle et celle de la chimie au XXe siècle. Les bénéfices qu'elles ont apportés à l'humanité sont considérables, mais les problèmes qu'elles lui ont posés ne sont pas moins significatifs. Si les générations précédentes avaient accepté plus volontiers d'engager une réflexion ouverte et publique sur les avantages et les inconvénients de ces deux révolutions scientifiques, et dès le début, avant qu'elles n'aient achevé leur trajectoire naturelle, peut-être aurions-nous aujourd'hui moins à souffrir – et demain nos enfants – d'un héritage écologique, social et économique aussi lourd[14]. »

Le vrai potentiel de renouveau, la vraie force de changement, résident dans les esprits, les cœurs et les mains des habitants de la planète, des citoyens du monde. Un potentiel, une force qui constituent la base du *capital social* qu'un néolibéralisme sans muselière piétine mécaniquement sans vergogne. Et pour cause, c'est la seule force qui peut encore renverser la vapeur en plaçant les gouvernements devant leurs responsabilités.

N'a-t-on pas vu, lors du récent sommet de Copenhague (décembre 2009), face aux égoïsmes des États dominants et à leur parodie d'accord pour répondre au défi climatique, l'impressionnante mobilisation des associations, des citoyens ? Aurait-on eu un Grenelle de l'environnement sans le « pacte écologique » de la fondation Nicolas-Hulot et l'engagement solidaire des milieux associatifs ? C'est ça, le capital social, l'un de nos biens les plus précieux : un capital dont le potentiel de croissance est quasi illimité !

Un « Green New Deal », ou le rêve d'une croissance verte

Les tenants d'un « Green New Deal » considèrent que la reconstruction doit se faire sur les bases d'une croissance verte, le point central de cette option étant dans la réduction des consommations d'énergie et l'accroissement de l'efficacité énergétique. S'y ajoutent bien sûr la nécessité d'une régulation financière réelle, la lutte contre les paradis fiscaux et une aide massive à un développement basé sur l'adaptation au changement climatique et les énergies renouvelables. Curieusement, il est fait peu de cas des écosystèmes et des ressources vivantes renouvelables. Il s'agit en cela de croissance « noire », comme les marées du même nom… Croissance verte signifie certes réduire la consommation d'énergie, pas seulement fossile, mais aussi et surtout développer des filières à base de vivant : entrer dans « l'ère du vivant » (dont parlait Rifkin).

Promu par le PNUE (Programme des Nations unies pour

l'environnement), le « Global Green New Deal » (GGND) part des mêmes prémisses mais étend la réflexion à l'ensemble des aspects de la biosphère, à un niveau planétaire. Cela passe par des investissements importants dans la conservation de l'énergie et le bâtiment « vert »[15]. Il est suggéré que les pays industrialisés et émergents consacrent au moins 1 % de leur PIB à la décarbonisation de l'économie et suppriment toutes les subventions et autres « incitations perverses ». Il est demandé aux pays en développement d'aller dans le même sens, sans chiffrage de l'objectif, et de consacrer au moins 1 % de leur PIB à la lutte contre la pauvreté. Au plan international, le G20 est considéré comme l'instance de décision, à laquelle il est demandé : 1) d'engager la décarbonisation de l'économie par la création d'un marché mondial de droits d'émission sur la base d'un accord attendu à Copenhague en décembre 2009… puis reporté ; 2) d'introduire des « paiements pour services écosystémiques » à destination des plus pauvres, et 3) de garantir la liberté des échanges dégagés de toute subvention perverse.

L'économie verte… Mais de quoi s'agit-il vraiment ? Vrai changement, radical et profondément novateur, ou ravalement de façade ? Développement façon « pourvu que ça dure » ou changement de cap ?

Tout dépend de la vision du monde dans laquelle s'inscrivent ceux qui la prônent. Pour simplifier, on distingue les traditionalistes, qui découvrent qu'au cercle de l'économique auquel ils s'intéressaient jusque-là il faut adjoindre d'un côté le cercle du social et de l'autre celui de l'écologique. La prise en compte de l'entrecroisement de ces trois cercles ou « piliers » caractérise classiquement le cadre de pensée des promoteurs du « développement soutenable ». Cette ouverture de l'économie néoclassique est… une ouverture, et il faut la saluer comme telle. À l'autre extrême s'affirme un courant de pensée encore minoritaire qui prône une autre vision du monde : l'économie y est un sous-système de la société humaine, laquelle est, à son tour, un sous-système dans la totalité du vivant sur Terre – c'est-à-dire dans la biosphère. Et aucun de ces sous-systèmes ne peut s'étendre au-delà de la capacité du système qui l'englobe[16]. En d'autres termes, là où l'économie traditionnelle (verte ou pas) voit l'articulation entre économie, société et environnement comme trois cercles qui s'entrecroisent, la nouvelle économie verte oppose un paradigme original caractérisé par la représentation d'une économie opérant au sein des relations sociales, et l'ensemble de la société comme englobé au cœur du monde naturel.

On conçoit qu'il n'est pas si simple de mettre ainsi fin à une histoire humaine (récente, somme toute) marquée par une déconnexion croissante d'avec la nature ! Mais c'est bien cette distance prise avec la nature qui est à l'origine de la crise environnementale actuelle – dont « la crise » tout court est un symptôme.

On n'entrera pas ici dans les débats qui confrontent « économie écologique », « économie verte de bon aloi » et « économie verte radicale » (voir Cato, 2009). Reste que la première, qui tente d'établir un pont au-dessus du fossé qui a maintenu séparés ces deux disciplines ou mondes que sont l'écologie et l'économie, a acquis un statut de discipline académique (avec journaux scientifiques spécialisés et société savante croissant en audience) que n'a pas (encore ?) l'économie verte. Ainsi que l'écrit Molly Scott Cato, économiste britannique porteuse d'une économie verte authentique et auteur d'un des premiers manuels sur ce courant de pensée, l'objectif majeur de l'économie telle qu'elle fonctionne aujourd'hui est de croître, et plus il y a croissance plus les politiciens sont heureux[17]. Les économistes verts auraient, selon elle, davantage de sympathie pour le point de vue de l'environnementaliste américain radical Edward Abbey qui a déclaré : « La croissance pour la croissance, c'est l'idéologie de la cellule cancéreuse. » Qui se suicide, elle et sa descendance, en faisant disparaître l'être dont elle est issue et qui la nourrit. Une analogie redoutable…

En attendant, il faut se réjouir de l'évolution vers des économies et des industries vertes[18] – sans se départir de l'esprit critique propre à toute démarche scientifique.

Gilles Deleuze écrivait, nous rappelle la philosophe Isabelle Stengers, que, à la différence de la droite, « la gauche a besoin que les gens pensent ». Et elle ajoute : « Nos responsables ne peuvent que s'en remettre à un capitalisme qui, vert ou non, n'est pas équipé pour penser, seulement pour saisir les opportunités qui vont s'offrir à lui. Faire confiance dans la possibilité que les gens se réapproprient la capacité de penser, collectivement et individuellement, est désormais ce qui s'impose, s'il s'agit de ne pas assister, impuissants, à la triple, et irréversible, dévastation de nos mondes »[19]. Cette dernière expression renvoyant au triple ravage que décrivait Félix Guattari dans ses *Trois Écologies* : le ravage de la Terre ; celui des capacités collectives de créer et de coopérer… et celui de la puissance de penser et de se sentir libres individus.

Prospérité sans croissance ?

« Nous savons, écrit Serge Latouche, que la cause [de la crise écologique] est notre mode de vie fondé sur une croissance économique illimitée. Et pourtant le terme "décroissance" sonne comme un défi ou une provocation. La prégnance dans notre imaginaire de la religion de la croissance et de l'économie est telle que parler de décroissance nécessaire est littéralement blasphématoire, et celui qui s'y risque est au minimum traité d'iconoclaste. » Et de préciser que la décroissance n'est pas un concept, qu'il n'y a pas de « théorie de la décroissance » comme les économistes ont pu développer une théorie de la croissance : « c'est un slogan politique à implications théoriques, un "mot obus", dit Paul Ariès, qui vise à casser la langue de bois des drogués du productivisme »[20].

Ne perdons pas de vue que nous vivons dans un monde profondément, dangereusement, insupportablement inégalitaire. Prôner l'allègement de la pauvreté (l'expression même fait un peu honte, non ?), c'est défendre la réduction des inégalités, donc une « croissance sélective » : certains pourront bénéficier de la sacro-sainte croissance quand d'autres, pays ou groupes sociaux, devront s'accommoder sinon d'une décroissance du moins de stagnation ; des activités se développeront tandis que d'autres, néfastes, destructrices (mais comptabilisées dans le PIB) déclineront. Où donc est le drame ? N'est-ce pas une transition souhaitable ? En fait, nous pensons même que la lutte contre la pauvreté *et* la dégradation des écosystèmes offrent une fantastique opportunité de croissance, mais d'une croissance à *destruction décroissante*.

Alors, si ça rassure, ne parlons plus de décroissance mais… de prospérité sans croissance !

« Prosperity without growth ? The transition to a sustainable economy », tel est le titre du rapport[21] de Tim Jackson pour la commission britannique du développement durable, qui tente de définir une macroéconomie susceptible d'aboutir à un état stationnaire, abandonnant l'hypothèse « folle » de la croissance de la consommation matérielle comme base de la stabilité économique. Considérant que 9 milliards d'humains en 2050 aspirant au niveau de vie de l'OCDE nécessiteraient 15 fois la taille de l'économie actuelle et 40 fois celle-ci à la fin du siècle, Jackson se demande à quoi ressemblerait une telle économie. La non-soutenabilité d'une telle dynamique conduit à explorer les possibilités d'une macroéconomie de l'état d'équilibre[22], tout en reconnaissant la nécessité de faire face aux besoins matériels des plus pauvres. Le rapport envisage une macroéconomie contrainte par la limitation des écosystèmes, et orientée vers l'épanouissement des potentialités telles que définies par Amartya Sen (sous le nom de « *capabilities* »), ainsi que vers l'amélioration des biens publics.

Cette nouvelle économie préconisée par Tim Jackson, qui esquisse une perspective réconfortante, ne saurait toutefois prendre forme en un jour : mettant en cause le fondement même du capitalisme – la croissance sans fin –, le projet d'une « prospérité sans croissance » sera difficile à accepter à court terme. Il s'agit donc, pour préparer une telle révolution dans les meilleures conditions possibles, de s'orienter pour l'instant vers des voies de relance de l'économie sur des bases écologiquement supportables : est-il concevable que la richesse puisse découler de l'entretien ou de l'amélioration des écosystèmes, sachant que c'est de leur dégradation que se nourrit la création actuelle de richesse ?

De fait, dans son remarquable essai *Reconsidérer la richesse*, qui reprend la matière du rapport réalisé à la demande de Guy Hascoët, alors secrétaire d'État à l'Économie solidaire (déclaration d'une belle intention !), le philosophe Patrick Viveret pose clairement son diagnostic : « Les formes actuelles de comptabilisation de la richesse ont ainsi pour effet d'accorder une sorte de prime à la destruction et à la réparation lourde au détriment de la prévention et de la réparation moins coûteuses si la "casse" écologique, sociale ou sanitaire était moins importante... C'est aussi une prime à la myopie, à la logique du court terme et de la courte vue, car les bénéfices apparents que les casseurs et les payeurs tirent d'un tel système ne sont évidemment pas durables. À moyen et long terme, tout le monde est perdant dans ce jeu dangereux[23]. »

Maintenir ou accroître le potentiel naturel[24]

Le Millennium Ecosystem Assessment, dont le rapport a été publié en 2005, innovait conceptuellement sur deux plans principaux : il mettait en avant la notion de « services écosystémiques », que nous avons déjà évoquée dans sa dimension écologique en soulignant les liens entre ces services et la biodiversité, et l'idée d'un basculement des régulations vers le capital naturel et les consommations de nature. Ces deux innovations majeures fournissent les bases d'une possible sortie de crise par reconversion en profondeur au profit d'un maintien, voire d'un accroissement, du « potentiel naturel ».

Rappelons d'abord que les services écosystémiques sont définis par le MEA comme « les services dont bénéficient gratuitement les humains du seul fait du fonctionnement des écosystèmes ». On en distingue quatre types. À la base, reposant sur le tissu vivant de la planète et son fonctionnement, des services de support de vie : le recyclage des nutriments, c'est-à-dire des éléments qui nourrissent le fonctionnement des systèmes vivants, cellules, organismes, espèces, écosystèmes (azote, carbone, phosphore, etc.) ; la formation des sols ; la production primaire... Ces services de support de vie permettent le développement de trois autres familles de services : des services d'approvisionnement (nourriture, eau douce, bois et fibres, combustibles, etc.) ; des services de régulation (du climat, des inondations, des maladies et ravageurs potentiels, de la pureté de l'eau, etc.) et des services culturels (d'ordre esthétique, spirituel, éducatif ou récréatif). Ces services écosystémiques sont, pour la plupart, vitaux. Il est donc impératif et vital d'en conserver et même d'en accroître la disponibilité, pour nous-mêmes comme pour nos enfants et petits-enfants. Or, rien n'incite les agents économiques à les prendre en compte : outre qu'ils n'en connaissent ou n'en comprennent généralement pas le rôle, leur gratuité ne les conduit pas à s'en préoccuper et les entretenir.

D'autre part, les chercheurs du MEA relevaient l'existence de quatre formes de capital. Deux, bien connues et reconnues par les entreprises, le capital manufacturier, c'est-à-dire les infrastructures (bâtiments, routes, usines, machines), et le capital humain – qu'il vaudrait peut-être mieux appeler ici « capital travail », puisque c'est essentiellement de ça qu'il s'agit (travail et compétences). Et deux autres, négligées : le capital naturel (vivant et minéral) et le capital social.

Deux mots sur cette dernière forme de capital, fondamentalement humain dans son essence – et trop méconnu.

Capital social et bien-être[25]

Le terme « capital social » vise à promouvoir l'idée que les normes, les institutions et les liens sociaux sont des éléments déterminants du fonctionnement des collectivités humaines. Il émergea en tant que concept après des analyses détaillées des effets de la cohésion sociale sur les revenus des collectifs concernés, l'espérance de vie et le fonctionnement de la société civile. Parce que ce capital social abaisse les coûts de transaction qu'exige le travail en commun, il facilite la coopération et nourrit la confiance à investir dans des activités d'intérêt collectif, puisqu'on sait que d'autres le feront aussi. De la même façon, il tend à freiner les initiatives incontrôlées à issues négatives telles que la dégradation des ressources.

La qualité du capital social dépend de quatre ingrédients : les relations de confiance ; les processus de réciprocité et d'échanges ; des règles, normes et sanctions communes, et la connectivité dans les réseaux et groupes sociaux. Et ça marche. Il est avéré qu'un capital social étendu améliore le bien-être économique et social[26].

Les chercheurs du MEA remarquaient que l'ensemble des « régulations », taxes, impôts et charges, portent sur le capital manufacturier et, surtout, sur le capital humain. Tant qu'il en irait ainsi, ajoutaient-ils, les agents économiques n'auraient pas intérêt à maintenir les services écosystémiques ni à économiser les ressources énergétiques, ni à préserver les ressources renouvelables, eau et biodiversité.

D'où la nécessité d'un « basculement des régulations » destiné à les faire porter sur le capital naturel et les consommations de nature, comme moyen d'inciter à la maintenance et à l'amélioration des écosystèmes et des services que nous en retirons.

Capital ou potentiel naturel ?[27]

Les réflexions en cours reposent sur le concept de « capital naturel » envisagé comme un stock, qu'il faudrait gérer au mieux afin de permettre aux générations futures de satisfaire leurs besoins (commission Stiglitz-Sen-Fitoussi, 2009). Nous ne pouvons préjuger les besoins des générations futures, pas plus que les Terriens du XIXe siècle ne pouvaient imaginer le téléphone portable ou Internet. Nous devons par contre laisser *le maximum de possibilités de choix aux générations futures*, donc leur laisser un potentiel naturel aussi important que possible. Le concept de potentiel naturel renvoie au flux, non aux stocks, et repose sur l'anticipation non des choix, mais des éventails de choix possibles. Il repose sur l'idée de valeur d'option, sur une approche probabiliste. Et sur une économie fondée sur le maintien ou l'accroissement de la disponibilité des services écosystémiques. Il traduit la possibilité de faire plus et mieux avec moins de ressources.

Vers un basculement des régulations

Un tel basculement peut se faire notamment en recourant à deux types d'instruments, d'incitations : des taxes, redistributives ou non ; l'instauration de marchés de droits.

Taxes et marchés de droits

Le principe des taxes redistributives repose sur un mécanisme équivalant à celui du principe « pollueur-payeur », dans lequel le « pollueur » est taxé, ce qui permet de subventionner le « dépollueur ». On peut aussi taxer un indicateur jusqu'à une valeur-seuil au-delà de laquelle la subvention se substitue à la taxe. Les exemples ci-dessous illustrent l'utilisation potentielle de telles taxes. Le « bonus-malus automobile » s'inscrit dans ce type de démarche.

Le marché de droit instaure un privilège d'accès et d'usage aux seuls détenteurs de droits, qui peuvent ensuite en acheter ou en vendre. Les seuls marchés de droits existants en France sont celui des licences de taxi et celui des coefficients d'occupation des sols de Lourmarin (Vaucluse).

Dans les pêches, de tels marchés de droits (quotas individuels transférables) existent, essentiellement ailleurs qu'en Europe, depuis 1980. Ils ont prouvé leur efficacité à maîtriser l'exploitation des milieux et à réduire les coûts de production et les gaspillages de nature.

Mais, pour qu'une telle refondation ait un sens, encore faut-il qu'elle soit mondiale. Cela suppose donc une refonte des institutions internationales. De fait, seule une réponse mondiale à la crise peut avoir quelque chance de succès. Le basculement des régulations n'est guère envisageable à l'échelle d'un seul pays, ni même d'une seule région tant les économies sont mondialement interconnectées. Les effets systémiques dans cette crise sont de même nature que ceux que connaît la biodiversité mondiale, avec ce désavantage que les dégâts en cascade sont moins facilement visibles.

Si une réponse mondiale peut être envisagée, elle impliquera une refonte des institutions internationales et l'émergence d'une institution ayant pour rôle de veiller au suivi et au contrôle de la mise en œuvre de nouvelles régulations. Elle devra aussi être capable de percevoir et redistribuer mondialement certains produits, ou taxes. Cette institution ne serait ni la Banque mondiale, ni le FMI : leurs propositions de « Green New Deal », limitées à l'énergie et à la finance, en témoignent.

Examinons quelques exemples d'applications sectorielles des systèmes d'incitation.

Applications sectorielles de taxes et marchés de droits

Une taxe de l'énergie ajoutée (ou TEA), de la production de l'énergie jusqu'à sa consommation finale, encouragerait les économies d'énergie. Une telle TEA profiterait aux États les moins consommateurs d'énergie. Redistributive, elle offrirait un mécanisme transparent pour alimenter l'aide au développement.

Les pêcheries sont actuellement en accès libre, cause de l'épuisement des ressources et de l'évolution des écosystèmes vers des niveaux de biodiversité décroissants, avec de plus en plus d'espèces à vie de plus en plus courte. L'accroissement des capacités de capture depuis la Seconde Guerre mondiale se fait aux dépens de la ressource et des emplois. De nouveau survient la crise, et viennent les subventions qui de nouveau aggravent la crise suivante. Jusqu'à ce que la décision soit prise de retirer des navires – les entreprises les plus endettées, celles des jeunes, souvent les plus récentes, disparaissant en premier. Face à cette dynamique, instaurer des marchés de droits de pêche est d'application possible. Pour l'essentiel de la pêcherie, ces droits de pêche seraient établis en pourcentages fixes d'un total admissible de captures pouvant varier annuellement en fonction de l'état des stocks. Pour certaines activités, les droits seraient d'exploiter une surface donnée de la mer ou du littoral. Ces droits négociables pourraient être individuels ou collectifs, selon les contextes. L'instauration d'un tel marché obligerait certains pêcheurs à changer d'activité, mais cette fois avec le produit de la vente de leurs droits de pêche. Le basculement des régulations conduirait aussi à taxer les captures, qui comprennent les espèces commercialisées plus les rejets en mer (rarement moins de 50 % des captures). Une taxe élevée mais rapidement dégressive en pourcentage des rejets commercialisés inciterait à leur diminution. Elle permettrait aussi de subventionner les pêcheurs limitant leur rejet. La disparition des charges sur le travail et l'enchérissement du carburant inciteraient en outre à l'arrivée de nouveaux marins.

Comment fonctionne une taxe dégressive et redistributive

À titre d'exemple pour illustrer le fonctionnement d'une taxe dégressive et redistributive sur les rejets, imaginons le cas suivant.
Un pêcheur capture 1 000 tonnes dont il rejette la moitié à la mer, soit 500 tonnes.
Il se voit imposer une taxe de, disons, 100 euros la tonne rejetée, soit 50 000 euros de taxe. La taxe diminue jusqu'à être nulle si le pêcheur commercialise 250 tonnes soit la moitié de ce qu'il aurait rejeté. S'il commercialise plus de la moitié de ce qu'il aurait rejeté, il est subventionné. Grâce aux taxes perçues et réutilisées pour subventionner à l'intérieur de la même activité, le principe est indolore pour le contribuable. Dans l'hypothèse où tout ce qui aurait été rejeté est commercialisé, le pêcheur perçoit le même montant (50 000 euros) que celui qu'il aurait eu à payer s'il ne commercialisait rien.

Rejets (tonnes)	Taxe (euros par tonne)	Commercialisé (tonnes)	Bilan (euros)
500	100	0	- 50000
400	75	100	- 30000
350	50	150	- 17500
300	25	200	- 7500
250	0	250	0
200	- 25	300	+7500
150	- 50	350	+17500
100	- 75	400	+30000
50	- 100	500	+50000

Les forêts naturelles, notamment tropicales, sont gérées par attribution de licences, d'une durée de 15 à 25 ans, assorties de taxes d'abattage. Cependant, un exploitant forestier connaît un retour sur investissement en 5 ans, au-delà desquels il n'a aucun intérêt à préserver les forêts qu'il exploite. Au contraire, son intérêt est d'exploiter la forêt au maximum dans le minimum de temps. L'obligation de n'importer que des bois éco-certifiés serait un signal fort si l'on veut aider les pays du Sud à gérer durablement leurs forêts. Inciter à la création de *marchés de droits de coupe*, transparents, serait également de nature positive.

Enfin, dernier grand secteur d'application, l'agriculture et l'eau.

En agriculture, nous sortons (il faut l'espérer) d'une période dominée par une agronomie qui considérait qu'il fallait « tuer » les sols pour ensuite les amender, les fertiliser chimiquement. Il serait possible de penser un indicateur de biomasse du sol et d'établir en conséquence une taxe basée sur la valeur de cet indicateur. Cette taxe servirait à subventionner les agriculteurs qui améliorent la fertilité de leurs sols. Quant à l'arrosage aérien, on sait qu'il gaspille 70 % du volume d'eau par évaporation. La surcharge en pesticides et en nitrates pollue durablement les nappes et contribue à la dégradation des milieux côtiers (prolifération d'algues vertes). L'interdiction des arrosages aériens, ainsi qu'une taxe sur les consommations d'engrais et de pesticides, comme sur la production de lisiers, pourraient être des solutions. Mais la création de marchés de droits en serait une autre, plus simple à gérer. Les agriculteurs se verraient attribuer un volume initial, charge à eux de se vendre mutuellement des droits d'arrosage. Ils seraient incités à changer de mode d'arrosage et à économiser l'eau. Des marchés de droits du même type pourraient gérer l'utilisation d'engrais et pesticides et les lisiers. Le basculement des régulations conduirait à taxer la consommation d'eau, en sus des marchés de droits.

Un vrai et profond changement

Le basculement des régulations et l'instauration à l'échelle mondiale de certaines taxes et marchés de droits, régulés par une organisation internationale *ad hoc*, auraient un impact considérable sur le sort des pays les plus pauvres, leur assurant ainsi un financement du développement hors clientélisme de l'aide internationale. Fonder ces nouvelles régulations sur les services écosystémiques amènerait à une rémunération de la maintenance de la disponibilité de tels services, notamment le maintien de la diversité biologique et le stockage de carbone.

Un monde non viable pour la majorité des humains ne saurait être durable. Deux conflits sur trois au moins trouvent leurs racines dans des problèmes d'accès ou d'usage de ressources renouvelables. Le changement climatique va multiplier le nombre de migrants internationaux, et il est vital pour nous d'investir chez eux. Autant le faire d'emblée dans la maintenance ou l'accroissement du potentiel naturel.

La démarche proposée, que nous appelons « basculement des régulations », ne débouche pas en soi sur un changement de système économique global : elle peut s'opérer sans que l'on cesse d'être dans un système capitaliste. Il s'agit d'agencer autrement ce qui existe déjà. Au-delà de la question de la biodiversité, il n'existe aucune « loi naturelle » qui dise que le financement des retraites et de la Sécurité sociale doive être assis sur les salaires. Le basculement des régulations, en allégeant considérablement les charges sur les salaires, conduit à reporter ces charges sur les consommations de nature, dissociant ainsi la source de la destination du financement. À l'heure actuelle, le chômage et la pression à la baisse sur les salaires mettent en péril la pérennité des systèmes sociaux : asseoir leur financement sur autre chose que les salaires pourrait en garantir la durabilité.

Si la crise est bien issue de la raréfaction croissante des ressources, la fragilisation même de l'économie peut être une occasion d'affronter directement ce phénomène de telle sorte que l'on n'en pâtisse pas dans l'avenir. Elle peut être l'occasion de refonder l'économie mondiale et les économies nationales, et de redéfinir les institutions internationales au service de cette refondation de l'économie. Elle peut, enfin, être l'occasion de concevoir des mécanismes redistributifs à l'échelle mondiale au profit des pays les moins consommateurs, mettant fin à une « aide » internationale au développement, fruit du bon vouloir, de la charité, bref, de l'arbitraire, et son remplacement par des mécanismes basés sur la seule rigueur, sur la seule justice. Il est grand temps !

Épilogue

La biosphère est une machinerie délicate, car vivante et complexe, mais impressionnante par sa puissance de production et d'adaptation aux changements : une entreprise planétaire modèle, qui nous fait vivre, qui assure les conditions de notre avenir.

Pourtant c'est bien nous, infime partie d'elle-même, qui réduisons le champ des possibles en laminant écosystèmes et biodiversité. Parce que nous vivons et agissons en ignorant les liens qui nous lient à eux. Mais nous savons que les ressources énergétiques non renouvelables sur lesquelles nous avons bâti notre croissance – pétrole, gaz, charbon – approchent de leur fin inexorable (même si elle est plus lointaine pour le charbon) et que notre civilisation occidentale « accro » aux énergies fossiles n'a guère préparé les alternatives.

On savait pourtant, et depuis longtemps, que cela allait arriver. On savait aussi que notre population pourrait atteindre, voire dépasser, les 9 milliards de consommateurs, des consommateurs aux appétits élevés. Mais il fallait bien faire tourner la « machine à croissance », nourrir les PIB : on verrait plus tard – puisque, nous le promet le dicton populaire, « il n'est jamais trop tard pour bien faire » ! Certes, mais c'est de plus en plus cher, comme Nicholas Stern, entre autres, nous l'a brutalement rappelé.

Quoi qu'il en soit, il est clair qu'on ne saurait atteindre et poursuivre un développement qualifiable d'humain qu'en changeant radicalement de cap. Ajustements et peinture verte ne suffiront pas, tant on s'est approché du précipice, tant les inégalités frisent l'insupportable, l'indécent, l'inhumain pour tout dire.

Car une chose est sûre, nous dit Dominique Nora, « ceux qui

croient encore que tout ceci n'est qu'une histoire d'"écolos" font fausse route. Il faudra tout changer : les règles du jeu et les instruments de mesure. La façon dont on produit, dont on travaille, dont on se déplace. La manière dont on se loge, se distrait, se nourrit. Nos relations aux autres, à la faune, à la flore. Il devient de plus en plus évident que la notion même de croissance économique, définie par le seul produit intérieur brut, est caduque. Si nous ne mettons pas en place des systèmes de comptabilité publique qui prennent en compte la consommation de ressources rares (air, eau, forêts, diversité écologique…), nous allons droit dans le mur. Il faudra apprendre à passer de la société de surconsommation à l'éthique de la frugalité. Inventer un autre monde[1] ».

Changer « bouleverse » ; parler de frugalité ou de sobriété, fût-ce de « sobriété heureuse » chère à Pierre Rabhi[2], suscite sourires ou mépris. Parce que ça paraît naïf ? Parce que ça culpabilise ? On peut respecter le tabou qui frappe les idées de décroissance, voire de croissance choisie, tout en se ralliant aux sages recommandations de Serge Latouche qui prône, pour aider à une transformation socio-économique jugée nécessaire, la règle des 8 R : Restructurer, Redistribuer, Réduire, Réutiliser, Recycler, Réévaluer, Reconceptualiser et Relocaliser.

« Ensemble nous devons créer une épidémie de lucidité, nous devons contribuer à faire émerger une nouvelle vision du monde, considérer, à l'instar d'Hervé Kempf, que l'avenir n'est pas dans la relance fondée sur la technologie mais dans un nouvel agencement des relations sociales », suggère Nicolas Hulot[3]. Une « épidémie de lucidité » !

Les lobbies dominants, qui ont tout fait pour réduire au silence ou tourner en ridicule les lanceurs d'alertes, ne sauraient s'y plier de bon gré, à moins de gagner le temps nécessaire à des réorientations ou reconversions fructueuses – ce qui est naturel, comprenons-le bien : tant que le loup pourra manger de la viande, chevreuil ou mouton, il ne deviendra pas végétarien ! Il ne fait ainsi que son « métier ». La peur, ou le refus, de changer est d'ailleurs plus générale : nous y sommes tous portés. Qui ne craint d'y perdre ses avantages ou son emploi ? Le choix est pourtant simple : promouvoir le changement de cap évoqué dans les chapitres précédents… ou se préparer à porter le fardeau de l'amer reproche que ne manqueront pas de nous faire nos enfants et petits-enfants : « Vous saviez et vous n'avez rien fait ! »

N'oublions pas que la Vie a progressé, que la biodiversité s'est imposée dans une planète en perpétuel changement, grâce à deux forces majeures : la compétition bien sûr, que le néolibéralisme cultive jusqu'à la bêtise, mais aussi la coopération. Il est temps d'y revenir en promouvant, à l'échelle des villages, des villes, des régions, des pays et du monde, cette solidarité écologique que la loi du 14 avril 2006 relative aux parcs nationaux et régionaux a inscrite dans les codes de l'environnement : nous avons besoin d'une solidarité écologique planétaire !

Pour peu que l'on développe et mette en œuvre ce concept ; pour peu que l'on respecte la biosphère ; pour peu que l'on apprenne, comme nous le montrent les agricultures paysannes, à s'appuyer sur ses forces et ses ressources sans la piller inconsidérément ; pour peu que les États et autres organisations mondiales revues et corrigées assument leurs responsabilités ; alors, oui, on peut le faire !

Notes

Avant-propos

1. J. Lubchenco *et al.*, « The sustainable Biosphere Initiative : an ecological research agenda », *Ecology*, n° 72, 1991, p. 371-421.
2. J. Stiglitz, A. Sen et J.-P. Fitoussi, *Performances économiques et progrès social. Vers de nouveaux systèmes de mesure*, Paris, Odile Jacob, 2009.
3. J. Pretty, *Agri-Culture. Reconnecting people, land and nature*, Londres, Earthscan Publications, 2002.
4. H. Kempf, *Comment les riches détruisent la planète*, Paris, Seuil, 2007.

1. La biodiversité, première entreprise de la planète

1. A. Dance, « What lies beneath », *Nature*, n° 455, 2008, p. 724-725.
2. B. Fischesser, M.E. Dupuis Tate, *Le Guide illustré de l'écologie*, Paris, Cemagref Éditions, 1996.
3. P. Forterre, *Les Microbes de l'enfer*, Paris, Belin-Pour la Science, 2007.
4. L. Laubier, *Ténèbres océanes, le triomphe de la vie dans les abysses*, Paris, Buchet-Chastel, 2007.
5. J.-B. Vaquin (dir.), *Atlas de la nature à Paris*, Éditions Le Passage (diff. Seuil), Paris, 2006.
6. CSPNB, *La Biodiversité à travers des exemples,* MEDAD/D4E, 2007.
7. J. Maynard Smith et E. Szathmáry, *The Major Transitions in Evolution*, Oxford, Oxford University Press, 1997.
8. R. Barbault, *Un éléphant dans un jeu de quilles*, Paris, Seuil, 2006.
9. CSPNB, *La Biodiversité à travers des exemples*, *op. cit.*
10. J. Blondel, *Biogéographie. Approche écologique et évolutive*, Paris, Masson, 1995.

11. C. Thouzeau *et al.*, « Spheniscins, avian beta-defensins in preserved stomach contents of the King Penguin, *Aptenodytes patagonicus* », *J. Biol. Chem.*, n° 278, 2003, p. 51053-51058.

12. A. Dubois, « Handicap taxinomique et crise de biodiversité : un nouveau paradigme pour la biologie du XXIe siècle », *in* D. Prat *et al.* (dir.), *Peut-on classer le vivant ? Linné et la systématique aujourd'hui*, Paris, Belin, 2008, p. 141-160.

13. J.-M. Pelt, *C'est vert et ça marche !*, Paris, Fayard, 2007.

2. Une entreprise en réseau

1. R. Costanza *et al.* « The value of the world's ecosystem services and natural capital », *Nature*, n° 387, 1997, p. 253-260.

2. M.A. Sélosse, F. Richard et P.E. Courty, « Plantes et champignons : l'alliance vitale », *La Recherche*, n° 411, 2007, p. 58-61.

3. P. Kropotkine, *L'Entraide. Un facteur d'évolution*, Montréal, Éditions Écosociété, 2001 (réédition).

4. T.M. Palmer *et al.*, « Breakdown of an ant-plant mutualism follows the loss of large herbivores from an African savanna », *Science*, n° 319, 2008, p. 192-195.

5. P. Cury et Y. Miserey, *Une mer sans poissons*, Paris, Calmann-Lévy, 2008.

6. CSPNB, *La Biodiversité à travers des exemples*, *op. cit.* ; J.-C. Lefeuvre, *La Baie du Mont-Saint-Michel*, Paris, Actes Sud, 2000.

7. J. Houdet, *Intégrer la biodiversité dans la stratégie des entreprises. Le bilan biodiversité des organisations*, Paris, FRB et Orée, 2008.

8. C. Kremen et R.S. Ostfeld, « A call to ecologists : Measuring, analysing, and managing ecosystem services », *Front. Ecol. Environ.*, n° 3, 2005, p. 540-548.

9. A.-M. Klein *et al.* « Importance of pollinators in changing landscapes for world crops », *Proc. Roy. Soc. B.*, n° 274, 2007, p. 303-335 ; C. Kremen *et al.*, « Pollination and other ecosystem services produced by mobile organisms : a conceptual framework for the effects of land-use change », *Ecology Letters*, n° 10, 2007, p. 299-314.

10. C. Kearns, D. Inouye et N. Waser, « Endangered mutualisms : the conservation of plant-pollinator interaction », *Annu. Rev. Ecol. Syst.*, n° 29, 1998, p. 83-112.

11. *Environnement – INRA*, n° 14, novembre 2008.

12. D. Hooper *et al.*, « Effects of biodiversity on ecosystem functioning : a consensus of current knowledge », *Ecological Monographs*, n° 75, 2005, p. 3-35.

13. R. Paine, « The *Pisaster-Tegula* interactions, prey patches, predator food preference, and intertidal community structure », *Ecology*, n° 50, 1969, p. 950-961.

14. R. Barbault, *Écologie générale. Structure et fonctionnement de la biosphère*, Paris, Dunot, 2008.

15. T.N. Sherratt et D.M. Wilkinson, *Big Questions in Ecology and Evolution*, Oxford University Press, voir chap. 6, « Is Nature Chaotic ? », 2009.

16. R.M. May, *Stability and Complexity in Model Ecosystems*, Princeton University Press, 1973.

17. Voir Alain Pavé et son stimulant petit ouvrage *La Nécessité du hasard*, EDP Sciences, 2007.

18. T. Elmqvist *et al.*, « Response diversity, ecosystem change, and resilience », *Front. Ecol. Environ.*, n° 1, 2003, p. 488-494 ; A.R. Ives et S.R. Carpenter, « Stability and Diversity of Ecosystems », *Science*, n° 317, 2007, p. 58-62 ; M. Scheffer *et al.*, « Catastrophic shifts in ecosystems », *Nature*, n° 413, 2001, p. 591-596.

3. Une entreprise au bord de la faillite

1. CSPNB, *La Biodiversité à travers des exemples. II. Les réseaux de la vie*, *op. cit.*

2. B. Worm *et al.*, « Impacts of biodiversity loss on ocean ecosystem services », *Science*, n° 314, 2006, p. 787-790 ; Hoegh-Guldberg *et al.*, « Coral reefs under rapid climate change and ocean acidification », *Science*, n° 318, 2007, p. 1737-1742 ; K. Carpenter *et al.*, « One-third of reef-building corals face elevated extinction risk from climate change and local impacts », *Science*, n° 321, 2008, p. 560-563 ; G. De'ath *et al.*, « Declining coral calcification on the Great Barrier Reef », *Science*, n° 323, 2009, p. 116-119.

3. G. De'ath *et al.*, « Declining coral calcification on the Great Barrier Reef », *op. cit.*

4. M.D. Iglesias-Rodriguez *et al.*, « Phytoplancton calcification in a high-Co_2 world », *Science*, n° 320, 2008, p. 336-340.

5. R.A. Myers, *et al.*, « Cascading effects of the loss of apex predatory sharks from a coastal ocean », *Science*, n° 315, 2007, p. 1846-1850 ; P. Cury et Y. Miserey, *Une mer sans poissons, op. cit.* ; L.B. Crowder et E.A. Norse, « The greatest threat : fisheries », p. 183-184, *in* Norse et Crowder (dir.), *Marine Conservation Biology*, Washington DC, Island Press, 2005.

6. B. Worm *et al.*, « Impacts of biodiversity loss on ocean ecosystem services », *Science*, n° 314, 2006, p. 787-790 ; R.A. Meyers *et al.*, « Cascading effects of the loss of apex predatory sharks from a coastal ocean », *Science*, art. cité ; P. Cury et Y. Miserey, *Un monde sans poissons, op. cit.*

7. B.W. Brook *et al.*, « Catastrophic extinctions follow deforestation in Singapore », *Nature*, n° 424, 2003, p. 420-423.

8. S.N. Stuart *et al.*, « Status and trends of amphibian declines and extinctions worldwide », *Science*, n° 306, 2004, p. 1783-1785 ; J.A. Pounds *et al.*, « Widespread

amphibian extinctions from epidemic disease driven by global warming », *Nature*, n° 439, 2006, p. 161-167.

9. R. Barbault, *Un éléphant dans un jeu de quilles*, *op. cit.*

10. J. Shipper *et al.*, « The status of the world's land and marine mammals : diversity, threat, and knowledge », *Science*, n° 322, 2008, p. 225-230.

11. D. Bourg, *Le Nouvel Âge de l'écologie*, Paris, Descartes et Cie, 2003.

12. J. Rifkin, *Le Siècle biotech. Le commerce des gènes dans le meilleur des mondes*, Paris, La Découverte, 1998.

4. L'appropriation du monde

1. Millennium Ecosystem Assessment, *Ecosystems and Human Well-Being. Synthesis*, Washington DC, Island Press, 2005.

2. E. Klein, *Galilée et les Indiens. Allons-nous liquider la science ?*, Paris, Flammarion, 2008.

3. F. Flahault, *Le Crépuscule de Prométhée. Contribution à une histoire de la démesure humaine*, Paris, Mille et Une Nuits, 2008.

4. E. Mollard et A. Walter, *Agricultures singulières*, Paris, IRD Éditions, 2008.

5. M. Mazoyer et L. Roudart, *Histoire des agricultures du monde*, Paris, Seuil, 1997.

6. J. Pretty, *Agri-Culture. Reconnecting people, land and nature, op cit.*

7. M. Dufumier, *Biodiversité et innovations paysannes des tiers-mondes*, conférence donnée au colloque international de Montpellier « Agricultures et Biodiversités », 2007.

8. D'après A. Sasson, *Nourrir demain les hommes*, Paris, Éditions de l'Unesco, 1986.

9. B. Bensaude-Vincent, *Les Vertiges de la technoscience. Façonner le monde atome par atome*, Paris, La Découverte, 2009.

10. Th. Monod, *Sortie de secours*, Paris, Seghers, coll. « Les Raisons de la colère », 1991.

11. J.-P. Dupuy, *Retour de Tchernobyl. Journal d'un homme en colère*, Paris, Seuil, 2006.

12. Voir D. Boy, *Le Progrès en procès*, Paris, Presses de la Renaissance, 1999 ; D. Bourg et J.-M. Besnier (dir.), *Peut-on encore croire au progrès ?*, Paris, PUF, 2000, et P.A. Taguieff, *Le Sens du progrès : une approche historique et philosophique*, Paris, Flammarion, 2006.

13. S. Pollard, *The Idea of Progress : History and society*, Harmondsworth, Penguin Books, 1971.

14. P. Viveret, *Reconsidérer la richesse*, Paris, Éditions de l'Aube, 2004.

15. P.A. Victor, *Managing without Growth. Slower by design, not disaster*, Northampton (Mass.), Edward Elgar Publishing, 2008.

16. A. Sen, *Development as Freedom*, Oxford, Oxford University Press, 2001. Voir aussi D. Boy, *Le Progrès en procès, op. cit.*

17. Rappelons que Malthus précise dans l'introduction du *Principe de population* que, par souci de simplification, il raisonnera à technologie et environnement constants, contrairement à Condorcet.

18. J.W. Forrester, *Urban Dynamics*, Cambridge (Mass.), MIT Press, 1969, et *World Dynamics*, Cambridge (Mass.), Cambridge Wrigth-Allen Press, 1971.

19. D.H. Meadows, *The Limits to Growth : A report for the Club of Rome's project on the predicament of mankind*, New York, Universe Books, 1972.

20. P.M. Vitousek, P.R. Ehrlich, A. Ehrlich et P.A. Matson, « Human appropriation of the products of photosynthesis », *Bio Science*, n° 36, 1968, p. 368-373.

21. R.J. Geider, E.H. Delucia, P.G. Falkowski *et al.*, « Primary productivity of planet Earth : biological determinants and physical constraints in terrestrial and aquatic habitats », *Global Change Biology*, n° 7, 2001, p. 849-882.

22. M. Begon, C.R. Townsend et J.L. Harper, *Ecology. From individuals to ecosystems*, Londres, Blackwell Publications, 2006 (4e éd.) ; S.L. Pimm, *The World According to Pim*, New York, McGraw-Hill, 2001.

23. L. Abbadie, J. Gignoux, X. Le Roux et M. Lepage (dir.), *Lamto. Structure, functioning and dynamics of savanna ecosystem*, New York, Springer, « Ecological Studies » (n° 179), 2006.

24. H. Haberl, K. Erb et F. Krausmann, « Human appropriation of net primary production (HANPP) », *in* E. Neumayer (dir.), *Internet Encyclopedia of Ecological Economics*, Int. Soc. for Ecological Economics, sept. 2007.

25. S.L. Pimm, *The World According to Pimm. A scientist audits the Earth*, New York, McGraw Hill, 2001.

26. S. Rojstaczer, S.M. Sterling et N.J. Moore, « Human appropriation of photosynthesis products », *Science*, n° 294, 2001, p. 2549-2552.

27. Marc L. Imhoff *et al.*, « Global patterns in human consumption of net primary production », *Nature*, n° 429, 2004, p. 70-873.

28. M. Wackernagel et W. Rees, *Our Ecological Footprint*, Gabriola Island (Canada), New Society Press, 1996.

5. Et l'Humain dans tout ça ?

1. M. Rahmena, *Quand la misère chasse la pauvreté*, Paris, Fayard - Actes Sud, 2003.

2. A. Sen, *Éthique et économie*, Paris, PUF, 1993.

3. M. Friedman, *Free to Choose*, New York, Morrow-Avon, 1981, *in* J.-P. Dupuy, *Avons-nous oublié le mal ?*, Paris, Bayard, 2002.

4. J. Galtung, « Violence, peace and peace research », *Journal of Peace Research*, n° 6, 1969, p. 167-191.

5. J. Galtung, « Cultural violence », *J. of Peace Research*, n° 27, 1990, p. 291-305.

6. J. Trottier, « A wall, water and power : the Isreali "separation fence" », *Review of International Studies*, n° 33, 2007, p. 105-127 ; J. Trottier, « Water crises : political construction or physical reality ? », *Contemporary Politics*, n° 14, 2008, p. 197-214.

7. J. Weber et J.-P. Revéret, « Ressources renouvelables, les leurres de la privatisation », in *Une Terre en renaissance*, Le Monde diplomatique, coll. « Savoirs » (n° 2), 1993 ; E. Ostrom *et al.*, « Revisiting the commons : local lessons, global challenges », *Science*, n° 284, 1999, p. 278-282 ; J. Pretty, « Social capital and the collective management of resources », *Science*, n° 302, 2003, p. 1912-1914.

8. G. Hardin, « The tradegy of the commons », *Science*, n° 162, 1968, p. 1243-1248.

9. J. Weber et J.-P. Revéret, « Ressources renouvelables, les leurres de la privatisation », *op. cit.*

10. J. Pretty, « Social capital and the collective management of resources », *op. cit.*

11. E. Ostrom *et al.*, « Revisiting the commons : local lessons, global challenges », *op. cit.*

12. M. Rutten, *Selling Wealth to Buy Poverty. The process of individualization of land ownership among Maasai pastoralistes of Kajiado District*, Sarrebruck, Verlag Breitenbach, 1992.

13. T. Dietz *et al.*, « The struggle to govern the commons », *Science*, n° 302, 2003, p. 1907-1912 ; E. Ostrom, *Governing the Commons*, New York, Cambridge University Press, 1990.

14. G. Stevenson, *Common Property Economics : a general theory and land use application*, New York, Cambridge University Press, 1991.

15. Repris de J. Weber et J.-P. Revéret, « Ressources renouvelables, les leurres de la privatisation », *op. cit.*

16. J.K. Galbraith, *La République des satisfaits. Essai sur la culture du contentement aux États-Unis*, Paris, Seuil, 1993.

17. *http ://dlc.dlib.indiana.edu/dlc/*

18. *Le Cirad en 2008*, Cirad, mai 2009. Voir, pour un développement de cette problématique, M. Griffon, *Pour des agricultures écologiquement intensives,* Paris, Éditions de l'Aube, 2010.

19. *In* E. Mollard et A. Walter (dir.), *Agricultures singulières*, Paris, IRD Éditions, 2008.

20. F. Hallé, *Un monde sans hiver. Les tropiques, nature et société*, Paris, Seuil, 1993.

21. M. Dufumier, *Biodiversité et innovations paysannes des tiers-mondes, op. cit.*

22. C. Ginzburg, *The Night Beetles : witchcraft and agrarian cults in the sixteenth and seventeenth centuries*, Londres, Rootledge & Kegan Paul, 1983.

23. T. Ruf, « Traditions et innovations dans la gestion des systèmes irrigués andins », in *L'Innovation en agriculture*, IRD, « *À travers champs* » (n° 361), p. 271-286, 1999.

24. J. Maynard Smith et E. Szathmáry, *Les Origines de la vie*, Paris, Dunod, 2000.

25. S.F. Brosnan, et F.B.M. de Waal, « Monkeys reject unequal pay ». *Nature*, n° 425, 2003, p. 297-299 ; G. Vogel, « The evolution of golden rule », *Science*, n° 303, 2004, p. 1128-1131.

26. A. Sen, *L'Idée de justice*, Paris, Odile Jacob, 2010.

27. J.-K. Choi et S. Bowles, « The coevolution of parochial altruism and war », *Science*, n° 318, 2007, p. 636-640 ; S. Bowles, « Conflict : altruism's midwife », *Nature*, n° 456, 2008, p. 326-327.

6. Pour changer, renouer avec la nature

1. Ph. Descola, *Par-delà nature et culture*, Paris, Gallimard, 2005.

2. T. Jackson, *Prosperity without Growth : Economics for a finite planet*, Londres, Earthscan, 2009.

3. M. Griffon et J. Weber, *La Révolution doublement verte : économie et institutions*, séminaire international « Vers une révolution doublement verte » (Poitiers, Futuroscope, 8-9 novembre 1995), Paris (Cirad), 1996.

4. M. Griffon, *Nourrir la planète*, Paris, Odile Jacob, 2006.

5. M.A. Altieri, *Agroecology. The science of sustainable agriculture*, Oxford, Westview Press, 1995 (1re éd. 1987) ; J.A. McNeely et S. Scherr, *Ecoagriculture. Strategies to feed the world and save wild biodiversity*, Washington DC, Island Press, 2003.

6. J. Pretty, *Agri-Culture : Reconnecting people, land and nature*, Londres, Earthscan Publications, 2002.

7. *Ibid.*

8. J.-P. Deguine, P. Ferron et D. Russel, *Protection des cultures. De l'agrochimie à l'agroécologie*, Paris, Éditions Quae, 2008.

9. J. Pretty, *Agri-Culture : Reconnecting people, land and nature*, *op. cit.*

10. J.M. Meynard, « Réduire les pesticides, c'est possible », *Pour la Science*, n° 388, 2010, p. 16-17.

11. Millennium Ecosystem Assessment, *Ecosystems and Human Well-Being. Synthesis*, *op. cit.*

12. B. Chevassus-au-Louis *et al.*, *Approche économique de la biodiversité et des services liés aux écosystèmes*, Paris, Centre d'analyse stratégique, La Documentation française, 2009.

13. Eftec, *Valuing Environmental Impact: Practical guidelines for the use of value transfer in policy and project appraisal*, Londres, Defra, déc. 2009, 7 pages (*www.eftec.co.uk*).

14. R. Barbault, « Espaces protégés : stratégie dépassée ou dispositifs d'avenir ? », *Pour la Science*, n° 359, 2007, p. 6-9. Pour une histoire critique de la protection de la nature, voir P. Blandin, *De la protection de la nature au pilotage de la biodiversité*, Paris, Éditions Quae, 2009.

15. A. Rodrigues *et al.*, « Effectiveness of the global protected area network in representing species diversity », *Nature*, n° 428, 2004, p. 640-643.

16. WRI, UICN, PUNE, *Global Biodiversity Strategy*, Washington DC, 1992.

17. Voir L. Garnier (dir.), *Entre l'homme et la nature, une démarche pour des relations durables*, Paris, Unesco, « Réserves de biosphère. Notes techniques » (n° 3), 2008.

18. Voir M. Bouamrane (dir.), *Biodiversité et acteurs : des itinéraires de concertation*, Paris, Unesco, « Réserves de biosphère. Notes techniques » (n° 1), 2006. Et, plus largement, J.-E. Beuret, *La Conduite de la concertation*, Paris, L'Harmattan, 2006.

19. J.-C. Génot, *La Nature malade de la gestion*, Paris, Sang de la Terre, 2008. Voir, pour une analyse plus nuancée, le récent ouvrage de Laurent Piermont, *Agir avec la nature*, Paris, Seuil, 2010.

20. C.G. Jones et J.H. Lawton (dir.), *Linking Species and Ecosystems*, New York, Chapman & Hall, 1995.

21. T.P. Young, D.A. Petersen et J.J. Clary, « The ecology of restoration : historical links, emerging issues and unexplored realms », *Ecology Letters*, n° 8, 2005, p. 662-673 ; D.K. Gattie et W.J. Mitsch (dir.), « The philosophy and emergence of ecological engineering », *Ecological Engineering* », n° 20 (numéro spécial), 2003.

22. J.M. Rey Benayas, A.C. Newton, A. Diaz et J.M. Bullock, « Services by ecological restoration : a meta-analysis », *Science*, n° 325, 2008, p. 1121-1124.

23. D'après B. Wuthrich. « Reconstructing Brazil Atlantic rainforest », *Science*, n° 315, 2007, p. 1070-1072.

24. J.-M. Pelt, *C'est vert et ça marche !, op. cit.*

25. E.A.H. Pilon-Smits et J.L. Freeman, « Environmental cleanup using plants : biotechnological advances and ecological considerations », *Front. Ecol. Environ.*, n° 4, 2006, p. 203-210 ; J. Houdet, *Intégrer la biodiversité dans les stratégies des entreprises*, FRB-Association OREE, Paris, 2008.

26. CSPNB, *La Biodiversité à travers des exemples*, MEDAD/D4E, 2007.

27. Voir aussi p. 156-161 *in* J. Houdet, *Intégrer la biodiversité dans les stratégies des entreprises, op. cit.*

7. Changer d'ère

1. J. Weber et D. Bailly, « Prévoir c'est gouverner », *Natures Sciences Sociétés*, n° I(1), 1993, p. 59-64.

2. T. Delpech, *L'Ensauvagement. Le retour de la barbarie au XXI*e *siècle*, Paris, Grasset, 2005.

3. N. Stern, *The Economics of Climate Change. The Stern Review*, Cambridge, Cambridge University Press, 2007, 692 p., et N. Stern, *A Blueprint for a Safer Planet*, Londres, The Bodley Head, 2009.

4. Voir à cet égard M.A. Palmer *et al.*, *Ecological Science and Sustainability for a Crowded Planet*, rapport de l'Ecological Visions Committee au comité de direction de l'Ecological Society of America (*http ://www.esa.org/ecovision*), 2004.

5. D. Normile, « Reinventing rice to feed the world », *Science*, n° 321, 2008, p. 330-333.

6. Voir le récit que fait Emma Marris de sa rencontre avec cinq scientifiques ambitieux et déterminés à stopper les ravages de la faim dans le monde : « Five crop researchers who could change the world », *Nature*, n° 456, 2008, p. 563-568.

7. Ph. Roqueplo, *Entre savoir et décision, l'expertise scientifique*, Paris, INRA, 1997 ; D. Bourg et J.-L. Schlegel, *Parer aux risques de demain*, Seuil, Paris, 2001.

8. E. Klein, *Galilée et les Indiens. Allons-nous liquider la science ?, op. cit.*

9. Adapté d'Eisner et Ehrlich, éditorial, *Science*, n° 292, 2001, p. 2397.

10. B. Bensaude-Vincent, *Les Vertiges de la technoscience. Façonner le monde atome par atome, op. cit.*

11. Ph. Roqueplo, *Entre savoir et décision, l'expertise scientifique, op. cit.*

12. Voir, à titre d'exemple, les expertises collégiales de l'Institut de recherche pour le développement pratiquées depuis 2000, et notamment « Le mercure dans le bassin amazonien », « Grands travaux et maladies à vecteur au Cameroun », ou, sur des sujets qui touchent aux thématiques abordées dans cet ouvrage : *Pesticides, agriculture et environnement*, expertise scientifique collective INRA-Cemagref, 2007 ; *Agriculture et biodiversité : valoriser les synergies,* expertise scientifique collective INRA, 2008.

13. D. Bourg et D. Boy, *Conférences de citoyens, mode d'emploi*, Paris, Descartes et Cie - Éditions Charles Léopold Mayer, 2005.

14. J. Rifkin, *Le Siècle biotech. Le commerce des gènes dans le meilleur des mondes, op. cit.*

15. E.B. Barbier, *A Global Green New Deal*, UNEP, 2009 (*www.unep.org/Green economy/docs/ggnd Final %20 Report.pdf*).

16. J. Porritt, *Capitalism as if the World Mattered*, Londres, Earthscan, 2006. Mais ce fut énoncé dès 1979 par René Passet dans son fameux *L'Économique et le*

Vivant publié chez Payot ; M.S. Cato, *Green Economics. An introduction to theory, policy and practice*, Londres, Earthscan, 2009.

17. Certains économistes, dont l'un des auteurs de ce livre (J.W.), après Thorstein Veblen, John Kenneth Galbraith ou Georges Bataille, pensent que la dynamique de l'économie est de détruire constamment plus, de façon volontaire ou catastrophique, la croissance n'étant obtenue que par défaut. Voir, par exemple, G. Bataille, *La Part maudite*, Paris, Minuit, 1967, ou T. Veblen, *Théorie de la classe de loisir*, Paris, Gallimard, 1970.

18. P. Jurgensen, *L'Économie verte. Comment sauver notre planète*, Paris, Odile Jacob, 2009, et J. Houdet, *Intégrer la biodiversité dans les stratégies des entreprises, op. cit.*

19. I. Stengers, « Copenhague : il ne faut pas se fier au capitalisme vert », *Libération*, 30 novembre 2009, p. 22.

20. S. Latouche, *Le Pari de la décroissance*, Paris, Fayard, 2006 ; P. Ariès, *Décroissance et barbarie*, Villeurbanne, Galia, 2005.

21. T. Jackson, *Prosperity without Growth : Economics for a finite planet*, Londres, Earthscan, 2009.

22. H. Daly, *Steady State Economy*, Washington DC, Island Press, 1977 (2e éd.).

23. P. Viveret, *Reconsidérer la richesse*, *op. cit.*

24. J. Weber, « Biodiversité et économie : un enjeu planétaire », *Terre sauvage*, décembre 2009, p. 80-82.

25. J. Pretty, « Social capital and the collective management of resources », art. cité.

26. A. Krishna, *Active Social Capital*, New York, Columbia University Press, 2002.

27. J. Weber, « Vers un monde responsable ? », *Prospective stratégique*, n° 35, 2009, p. 42-49.

Épilogue

1. D. Nora, *Les Pionniers de l'or vert*, Paris, Grasset, 2009.
2. P. Rabhi, *Manifeste pour la Terre et l'Humanisme*, Paris, Actes Sud, 2008.
3. N. Hulot, *Le Syndrome du* Titanic 2, Paris, Calmann-Lévy, 2009.

Bibliographie générale

Altieri, M.A., 1995 (1re éd. 1987), *Agroecology. The science of sustainable agriculture*, Oxford, Westview Press.

Artus, P., et Virard, M.-P., 2008, *Globalisation. Le pire est à venir*, Paris, La Découverte.

Aubertin, C., Pinton, F., et Boisvert, V. (dir.), 2007, *Les Marchés de la biodiversité*, Paris, IRD Éditions.

Balmford, A., *et al.*, 2002, « Economic reasons for conserving wild nature », *Science*, 297, p. 950-953.

Barbault, R., 1994, *Des baleines, des bactéries et des hommes*, Paris, Odile Jacob.

Barbault, R., 2006, *Un éléphant dans un jeu de quilles. L'homme dans la biodiversité*, Paris, Seuil.

Bensaude-Vincent, B., 2009, *Les Vertiges de la technoscience. Façonner le monde atome par atome*, Paris, La Découverte.

Blais, M.-C., 2007, *La Solidarité. Histoire d'une idée*, Paris, Gallimard.

Blandin, P., 2009, *De la protection de la nature au pilotage de la biodiversité*, Paris, Éditions Quae.

Blandin, P., 2010, *Biodiversité. L'avenir du vivant*, Paris, Albin Michel.

Blondel, J., 1995, *Biogéographie. Approche écologique et évolutive*, Paris, Masson.

Bouamrane, M. (dir.), 2006, *Biodiversité et acteurs : des itinéraires de concertation*, Paris, Unesco, « Réserves de biosphère. Notes techniques » (n° 1).

Bourg, D., et Boy, D., 2005, *Conférences de citoyens, mode d'emploi*, Paris, Descartes et Cie - Éditions Charles Léopold Mayer.

Boy, D., 1999, *Le Progrès en procès*, Paris, Presses de la Renaissance.

Cato, M.S., 2009, *Green Economics. An introduction to theory, policy and practice*, Londres, Earthscan.

Chevassus-au-Louis, B., *et al.*, 2009, *Approche économique de la biodiversité et des services liés aux écosystèmes*, Paris, Centre d'analyse stratégique - La Documentation française.

CLARK, C.W., 2006, *The Worldwide Crisis in Fisheries. Economic models and human behavior*, Cambridge, Cambridge University Press.

COCHET, Y., 2009, *Antimanuel d'écologie*, Rosny-sous-Bois, Éditions Bréal.

COHEN, D., 2009, *La Prospérité du vice. Une introduction (inquiète) à l'économie*, Paris, Albin Michel.

COMBES, C., 2001, *Les Associations du vivant*, Paris, Flammarion.

COURTILLOT, V., 1995, *La Vie en catastrophes*, Paris, Fayard.

CSPNB, 2008, *La Biodiversité à travers des exemples, les réseaux de la vie*, Paris, MEEDAT.

CURY, Ph., et MISEREY, Y., 2008, *Une mer sans poissons*, Paris, Calmann-Lévy.

DAILY, G.C. (dir.), 1997, *Nature's Services. Societal dependance on natural ecosystems*, Washington DC, Island Press.

DEGUINE, J.-P., FERRON, P., et RUSSELL, D., 2008, *Protection des cultures. De l'agrochimie à l'agroécologie*, Paris, Éditions Quae.

DESBROSSES, P., 1997, *L'Intelligence verte. L'agriculture de demain*, Paris, Éditions du Rocher.

DESCOLA, P., 2005, *Par-delà nature et culture*, Paris, Gallimard.

DE WAAL, F., 2010, *L'Âge de l'empathie. Leçons de la nature pour une société solidaire*, Paris, LLL.

DUFUMIER, M., 2004, *Agriculture et paysanneries des tiers-mondes*, Paris, Karthala.

DUPUY, J.-P., 2002, *Pour un catastrophisme éclairé. Quand l'impossible est certain*, Paris, Seuil.

FITOUSSI, J.-P., et LAURENT, E., 2008, *La Nouvelle Écologie politique. Économie et développement humain*, Paris, Seuil.

FLAHAULT, F., 2008, *Le Crépuscule de Prométhée. Contribution à une histoire de la démesure humaine*, Paris, Mille et Une Nuits.

GALBRAITH, J.K., 1993, *La République des satisfaits. Essai sur la culture du contentement aux États-Unis*, Paris, Seuil.

GARNIER, L. (dir.), 2008, *Entre l'Homme et la nature, une démarche pour des relations durables*, Paris, Unesco, « Réserves de biosphère. Notes techniques » (n° 3).

GÉNOT, J.-C., 2008, *La Nature malade de la gestion. La gestion de la biodiversité ou la domination de la nature*, Paris, Sang de la Terre.

GLIESSMAN, S.R., 1990, *Agroecology : Researching the ecological basis for sustainable agriculture*, New York, Springer Verlag.

GODELIER, M., 2007, *Au fondement des sociétés humaines. Ce que nous apprend l'anthropologie*, Paris, Albin Michel.

GOUYON, P.-H., 2001, *Les Harmonies de la nature à l'épreuve de la biologie. Évolution et biodiversité*, Paris, INRA.

GRIFFON, M., 2006, *Nourrir la planète*, Paris, Odile Jacob.

GRIFFON, M., 2010, *Pour des agricultures écologiquement intensives*, Paris, Éditions de l'Aube.

GRIFFON, M., et WEBER, J., 1996, *La Révolution doublement verte : économie et institutions*, séminaire international « Vers une révolution doublement verte » (Poitiers), Paris, Cirad.

GUNDERSON, L., et HOLLING, C.S. (dir.), 2002, *Panarchy : Understanding transformations in human and natural systems*, Washington DC, Island Press.

HARRIS, D.R., 1996, *The Origins and Spread of Agriculture and Pastoralism in Eurasia*, Washington DC, Smithsonian Institution Press.

HOUDET, J., 2008, *Intégrer la biodiversité dans les stratégies des entreprises. Le bilan biodiversité des organisations*, Paris, FRB.

HULOT, N., 2006, *Pour un pacte écologique*, Paris, Calmann-Lévy.

IAASTD, 2009, *Agriculture at a Crossroads. Global Report*, Washington DC, Island Press.

JACKSON, T., 2009, *Prosperity without Growth : Economics for a finite planet*, Londres, Earthscan ; trad. fr., *Prospérité sans croissance. La transition vers une économie durable*, Bruxelles, De Boeck, 2010.

JANCOVICI, J.-M., et GRANDJEAN, A., 2009, *C'est maintenant ! 3 ans pour sauver le monde*, Paris, Seuil.

JANSSEN, M.A. (dir.), 2002, *Complexity and Ecosystem Management. The theory and practice of multi-agents systems*, Cheltenham, Edward Elgar.

JURGENSEN, P., 2009, *L'Économie verte. Comment sauver notre planète*, Paris, Odile Jacob.

KEMPF, H., 2007, *Comment les riches détruisent la planète*, Paris, Seuil.

KLEIN, E., 2008, *Galilée et les Indiens. Allons-nous liquider la science ?*, Paris, Flammarion.

KRISHNA, A., 2002, *Active Social Capital. Tracing the roots of development and democracy*, New York, Columbia University Press.

LARRÈRE, C., et LARRÈRE, R., 1997, *Du bon usage de la nature. Pour une philosophie de l'environnement*, Paris, Aubier.

LATOUCHE, S., 2006, *Le Pari de la décroissance*, Paris, Fayard.

LE BRAS, H., 1994, *Les Limites de la planète*, Paris, Flammarion.

LE ROUX, X., *et al.*, 2009, *Agriculture et biodiversité. Valoriser les synergies*, Paris, Éditions Quae.

LETOURNEUX, F., et BAZIN, M.S., 2009, *Oui ou non, voulons-nous protéger la nature ?*, Toulouse, Milan, « Terre Sauvage ».

LUBCHENCO, J., *et al.*, « The sustainable biosphere initiative : an ecological research agenda », Ecology, n° 72, p. 371-421.

MALTHUS, T.-R., 1963 (éd. orig. : 1798), *Essai sur le principe de population*, Paris, Seghers.

MAY, R.M., 1973, *Stability and Complexity in Model Ecosystems*, Princeton, Princeton University Press.

MAYNARD SMITH, J., et SZATHMÁRY, E., 1997, *The Major Transitions in Evolution*, Oxford, Oxford University Press.

MAYNARD SMITH, J., et SZATHMÁRY, E., 2000, *Les Origines de la vie*, Paris, Dunod (version originale, 1999, *The Origins of Life*, Oxford, Oxford University Press).

MAZOYER, M., et ROUDART, L., 1997, *Histoire des agricultures du monde*, Paris, Seuil.

MCNEELY, J.A., et SCHERR, S., 2003, *Ecoagriculture. Strategies to feed the world and save wild biodiversity*, Washington DC, Island Press.

MEADOWS, D.H., 1972, *The Limits to Growth : A report for the Club of Rome's project on the predicament of mankind*, New York, Universe Books.

MEDA, D., 2008, *Au-delà du PIB. Pour une autre mesure de la richesse*, Paris, Flammarion.

MILLENNIUM ECOSYSTEM ASSESSMENT, 2005, *Ecosystems and Human Well-Being : Synthesis*, Washington DC, Island Press.

MOLLARD, E., et WALTER, A. (dir.), 2008, *Agricultures singulières*, Paris, IRD Éditions.

NAEEM, S., BUNKER, D.E., HECTOR, H., LOREAU, M., et PERRINGS, Ch. (dir.), 2009, *Biodiversity, Ecosystem Functioning and Human Well-Being : An ecological and economic perspective*, Oxford, Oxford University Press.

NATIONAL ACADEMY OF SCIENCE, 2005, *Valuing Ecosystem Services. Toward better environmental decision making*, Washington DC, The National Academies Press.

NICOLINO, F., et VEILLERETTE, F., 2007, *Pesticides. Révélations sur un scandale français*, Paris, Fayard.

NORA, D., 2009, *Les Pionniers de l'or vert*, Paris, Grasset.

ORSENNA, E., 2006, *Voyage aux pays du coton. Petit précis de mondialisation*, Paris, Librairie Arthème Fayard.

Osborn, F., 1948 (réédition 2008), *La Planète au pillage*, Paris, Actes Sud.

Ostrom, E., 1990, *Governing the Commons*, New York, Cambridge University Press ; trad. fr., *Gouvernance des biens communs. Pour une nouvelle approche des ressources naturelles*, Bruxelles, De Boeck, 2010.

Ostrom, E., *et al.*, 1999, « Revisiting the commons : local lessons, global challenges », *Science*, n° 284, p. 278-282.

Palmer, M.A., *et al.*, 2004, *Ecological Science and Sustainability for a Crowded Planet*, rapport de l'Ecological Visions Committee au comité de direction de l'Ecological Society of America (*www.esa.org/ecovisions*).

Passet, R., 1979, *L'Économique et le Vivant*, Paris, Payot.

Pavé, A., 2007, *La Nécessité du hasard*, Paris, EDP Sciences.

Pelt, J.-M. (avec la collab. de D. Cheissoux et F. Steffan), 2010, *Les Dons précieux de la nature*, Paris, Fayard.

Pelt, J.-M. (avec la collab. de F. Steffan), 2007, *C'est vert et ça marche !*, Paris, Fayard.

Pelt, J.-M. (avec la collab. de F. Steffan), 2004, *La Solidarité chez les plantes, les animaux, les humains*, Paris, Fayard.

Pétré-Grenouilleau, O., 2004, *Les Traites négrières*, Paris, Gallimard.

Piermont, L., 2010, *Agir avec la nature*, Paris, Seuil.

Pimm, S.L., 2001, *The World According to Pimm. A scientist audits the Earth*, New York, McGraw Hill.

Pochon, A., 2009, *Le Scandale de l'agriculture folle*, Paris, Éditions du Rocher.

Pretty, J., 2002, *Agri-Culture : Reconnecting people, land and nature*, Londres, Earthscan.

Rahmena, M., 2003, *Quand la misère chasse la pauvreté*, Paris, Fayard - Actes Sud.

Rifkin, J., 1998, *Le Siècle biotech. Le commerce des gènes dans le meilleur des mondes*, Paris, La Découverte.

Sahs, I., 1997, *L'Écodéveloppement. Stratégie pour le xxi*e *siècle*, Paris, La Découverte - Syros.

Scherr, S.J., et McNeely, J.A. (dir.), 2007, *Farming with Nature. The science and practice of agriculture*, Washington DC, Island Press.

Sen, A., 1993, *Éthique et économie*, Paris, Presses universitaires de France.

Sen, A., 2001, *Development as Freedom*, Oxford, Oxford University Press.

Sen, A., 2010, *L'Idée de justice*, Paris, Flammarion.

Stengers, I., 2009, *Au temps des catastrophes*, Paris, La Découverte.

Stern, N., 2009, *A Blueprint for a Safer Planet*, Londres, The Bodley Head.

Stevenson, G., 1991, *Common Property Economics : A general theory and land use application*, New York, Cambridge University Press.

Stiglitz, J., Sen, A., et Fitoussi, J.-P., 2009, *Performances économiques et progrès social. Richesse des nations et bien-être des individus*, Paris, Odile Jacob.

Stiglitz, J., Sen, A., et Fitoussi, J.-P., 2009, *Performances économiques et progrès social. Vers de nouveaux systèmes de mesure*, Paris, Odile Jacob.

Victor, P.A., 2008, *Managing without Growth. Slower by design, not disaster*, Northampton, Edward Elgar Publishing.

Viveret, P., *Reconsidérer la richesse*, Paris, Éditions de l'Aube, 2004.

Vivien, F.-D., 2005, *Le Développement soutenable*, Paris, La Découverte.

Wackernagel, M., et Rees, W., 1999, *Notre empreinte écologique*, Montréal, Éditions Écosociété.

Weber, J., 2009, « Vers un monde responsable ? », *Prospective stratégique*, n° 35, p. 42-44.

Weber, J., et Bailly D., 1993, « Prévoir c'est gouverner », *Natures, Sciences, Sociétés*, n° 1, p. 59-64.

Weber, J., et Revéret, J.-P., 1993, « La gestion des relations sociétés-nature : modes d'appropriation et droits de propriété », *Le Monde diplomatique*, octobre 1993.

Wilson, E.O., 1993, *La Diversité de la vie*, Paris, Odile Jacob.

Liste des sigles utilisés

CAS	Conseil d'analyse stratégique
Cirad	Centre de coopération internationale en recherche agronomique pour le développement
COV	Composé organique volatil
CRBPO	Centre de recherche sur la biologie des populations d'oiseaux (Muséum de Paris)
CREE	Centre de production d'entomophages et d'entomopathogènes
CSPNB	Conseil scientifique du patrimoine naturel et de la biodiversité
FAO	Organisation des Nations unies pour l'alimentation et l'agriculture
FMI	Fonds monétaire international
GEF	Global Environment Facility (Fonds mondial pour l'environnement)
GFN	Global Footprint Network
GIEC	Groupe d'experts intergouvernemental sur l'évolution du climat
IASC	Association internationale pour l'étude des communaux (ex-IASCP : Association internationale pour l'étude de la propriété commune)
INRA	Institut national de la recherche agronomique
IRD	Institut de recherche pour le développement
IRRI	International Rice Research Institute (Institut international de recherche sur le riz)

LPO	Ligue pour la protection des oiseaux
MAB	Man and Biosphere (programme international de l'Unesco de mise en place et de gestion des réserves de biosphère)
MEA	Millennium Ecosystem Assessment (évaluation des écosystèmes pour le millénaire)
MIT	Massachusetts Institute of Technology
OCDE	Organisation de coopération et de développement économiques
OGM	Organisme génétiquement modifié
OMPI	Organisation mondiale de la propriété intellectuelle
PIB	Produit intérieur brut
PNUE	Programme des Nations unies pour l'environnement (UNEP dans la forme anglaise)
STOC	Suivi temporel des oiseaux communs
TEA	Taxe de l'énergie ajoutée
UICN	Union internationale pour la conservation de la nature
Unesco	Organisation des Nations unies pour l'éducation, la science et la culture
WWF	Fonds mondial pour la nature

Table

Le Seuil s’engage pour la protection de l’environnement

Ce livre a été imprimé chez un imprimeur labellisé Imprim’Vert, marque créée en partenariat avec l’Agence de l’Eau, l’ADEME (Agence de l’Environnement et de la Maîtrise de l’Énergie) et l’UNIC (Union Nationale de l’Imprimerie et de la Communication).

La marque Imprim’Vert apporte trois garanties essentielles :

- la suppression totale de l’utilisation de produits toxiques ;
- la sécurisation des stockages de produits et de déchets dangereux ;
- la collecte et le traitement des produits dangereux.

RÉALISATION : PAO ÉDITIONS DU SEUIL
IMPRESSION : CORLET IMPRIMEUR S.A. 14110 CONDÉ-SUR-NOIREAU
DÉPÔT LÉGAL : SEPTEMBRE 2010. N° 103002 (131156)
Imprimé en France

Collection « Science ouverte »
dirigée par Jean-Marc Lévy-Leblond

Jean-Pierre Adam, *Le Passé recomposé*, 1988
Alexander Alland, *La Dimension humaine*, 1974
Jean-Pierre Allix, *L'Espace humain*, 1996
Jean Claude Ameisen, *La Sculpture du vivant**, 1999
Marcia Ascher, *Mathématiques d'ailleurs*, 1998
Henri Atlan et Catherine Bousquet, *Questions de vie*, 1994
Robert Barbault, *Un éléphant dans un jeu de quilles**, 2006
Stella Baruk, *Fabrice ou l'École des mathématiques**, 1977
*L'Âge du capitaine**, 1985
Dictionnaire de mathématiques élémentaires, 1992
C'est à dire, 1993
Dico de mathématiques. Collège et CM2, 2008
Robert Bell, *Les Péchés capitaux de la haute technologie*, 1998
David Berlinski, *La Tentation de l'astrologie*, 2006
Jean Bernard, Marcel Bessis et Claude Debru (sous la dir. de), *Soi et non-soi*, 1990
Jean-Michel Besnier, *La Croisée des sciences*, 2006
Marcel Blanc, *Les Héritiers de Darwin*, 1990
Michel Blay et Efthymios Nicolaïdis (collectif sous la dir. de), *L'Europe des sciences*, 2001
Nicolas Bouleau, *La Règle, le Compas et le Divan*, 2002
Jean-Louis Boursin, *Les Dés et les Urnes*, 1990
Catherine Bousquet, *Bêtes de sciences*, 2003
Jean-François Bouvet (sous la dir. de), *Du fer dans les épinards**, 1997
La Stratégie du caméléon, 2000
Serge Brunier, *Impasse de l'espace*, 2006
Pierre Cassou-Noguès, *Les Démons de Gödel. Logique et folie*, 2007
Max de Ceccatty, *Conversations cellulaires*, 1991
Jean Chaline, *Un million de générations*, 2000
Jean-François Chassay, *Si la science m'était contée. Des savants en littérature*, 2009
Nicolas Chevassus-au-Louis, *Savants sous l'Occupation*, 2004

* L'astérisque indique les ouvrages disponibles dans les collections de poche « Points Sciences » ou « Points ».

Les Briseurs de machines. De Ned Ludd à José Bové, 2006
Un iceberg dans mon whisky. Quand la technologie dérape, 2009
Claudine Cohen, *Le Destin du mammouth**, 1994
L'Homme des origines, 1999
Un Néandertalien dans le métro, 2007 (illustré)
Gilles Cohen, (sous la dir. de), *Culture maths*, 2008
Harry Collins, *Experts artificiels*, 1992
Harry Collins et Trevor Pinch, *Tout ce que vous devriez savoir sur la science**, 1994
Michel Cribier, Michel Spiro et Daniel Vignaud, *La Lumière des neutrinos*, 1995
Michel Crozon, *La Matière première*, 1987
Thomas Crump, *Anthropologie des nombres*, 1995
D'Arcy Thompson, *Forme et croissance*, 2009
Charles Darwin, *L'Autobiographie*, 2008
Jean-Paul Delahaye, *Jeux finis et infinis*, 2010
Jean Deutsch, *Le ver qui prenait l'escargot comme taxi, et autres histoires naturelles*, 2007
Antoine Danchin, *Une aurore de pierres*, 1990
Jean-Marc Drouin, *L'Herbier des philosophes*, 2008
Jean Eisenstaedt, *Avant Einstein*, 2005
Ivar Ekeland, *Au hasard**, 1991
Le Meilleur des mondes possibles, 2000
Julio Fernandez Ostolaza et Alvaro Moreno Bergareche, *La Vie artificielle*, 1997
Paul Feyerabend, *Dialogues sur la connaissance*, 1996
Charles Frankel, *La Vie sur Mars*, 1999
Terre de France, 2007
Dernières nouvelles des planètes, 2009
Jean-Gabriel Ganascia, *L'Âme-Machine*, 1990
Jacques Gapaillard, *Et pourtant, elle tourne !*, 1993
Martin Gardner, *L'Univers ambidextre**, 1985
Sylviane Gasquet, *Plus vite que son nombre*, 1999
Ludovico Geymonat, *Galilée*, 2009
Tijs Goldschmidt, *Le Vivier de Darwin*, 2003
Stephen Jay Gould, *Le Sourire du flamant rose**, 1988
Le Livre de la vie (sous la dir. de), 1993
*Comme les huit doigts de la main**, 1996
*L'Éventail du vivant**, 1997

Millénium, 1998
Les Quatre Antilopes de l'Apocalypse, 2000
Et Dieu dit : « Que Darwin soit ! », 2000
Les Coquillages de Léonard, 2001
Les Pierres truquées de Marrakech, 2002
Cette vision de la vie, 2004
Le Renard et le Hérisson, 2005
Mirko D. Grmek (collectif sous la dir. de), *Histoire de la pensée médicale en Occident,* tome I : 1995, tome II : 1997, tome III : 1999
Claude Gudin, *Une histoire naturelle de la séduction**, 2003
Une histoire naturelle des sens, 2010
Francis Hallé, *Un monde sans hiver*, 1993
*Éloge de la plante**, 1999
Edward Harrison, *Le Noir de la nuit**, 1990
Marie-Angèle Hermitte, *Le Sang et le Droit*, 1996
Giorgio Israel, *La Mathématisation du réel*, 1996
Le Jardin au noyer, 2000
Albert Jacquard, *L'Héritage de la liberté**, 1986
Bruno Jacomy, *L'Âge du plip*, 2002
Jean-Marc Jancovici, *L'Avenir climatique**, 2002
Pablo Jensen, *Entrer en matière (Des atomes dans mon café crème)**, 2001
Bertrand Jordan, *Les Imposteurs de la génétique*, 2000
*Le Chant d'amour des concombres de mer**, 2002
Les Marchands de clones, 2003
L'Humanité au pluriel. La génétique et la question des races, 2008
Christian Joachim et Laurence Plévert, *Nanosciences. La révolution invisible*, 2008
Olivia Judson, *Manuel universel d'éducation sexuelle à l'usage de toutes les espèces**, 2004
Jean-Jacques Kupiec et Pierre Sonigo, *Ni Dieu ni gène**, 2000
Patrick Lagadec, *États d'urgence*, 1988
Gérard Lambert, *L'Air de notre temps*, 1995
Gérard Lambert, *Vérole, cancer & cie. La société des maladies*, 2009
Pierre Laszlo, *Miroir de la chimie*, 2000
Édouard Launet, *Au fond du labo à gauche**, 2004
*Viande froide cornichons**, 2006
*Sexe machin**, 2007
Au fond du zoo à droite, 2009

J.-M. Lévy-Leblond, *La Vitesse de l'ombre*, 2006
Thomas Lepeltier, *Darwin hérétique. L'éternel retour du créationnisme*, 2007
Univers parallèles, 2010
Richard C. Lewontin, *La Triple Hélice*, 2003
Bernard Maitte, *Histoire de l'arc-en-ciel*, 2005
Jean Matricon et Georges Waysand, *La Guerre du froid*, 1994
Michel Mayor et Pierre-Yves Frei, *Les Nouveaux Mondes du cosmos*, 2001
Georges Ménahem, *La Science et le Militaire*, 1976
Laszlo Mérö, *Les Aléas de la raison*, 2000
Michel Mitov, *Matière sensible. Mousses, gel, cristaux liquides et autres miracles*, 2010
Catherine Mondiet-Colle et Michel Colle, *Le Mythe de Procuste*, 1989
New Scientist, *Mais qui mange les guêpes ?**, 2006
*Pourquoi les manchots n'ont pas froid aux pieds ?**, 2007
Les Ours blancs ont-ils le blues ?, 2009
Denis Noble, *La Musique de la vie*, 2007
Mick O'Hare, *Comment fossiliser son hamster et autres expériences épatantes à faire chez soi**, 2008
Laurent Piermont, *Agir avec la nature ? Vers des solutions durables*, 2010
Nicolas Prantzos, *Voyages dans le futur*, 1998
Brigitte Proust, *Petite géométrie des parfums*, 2006
Bel et Bio, 2010
Dominique Proust, *L'Harmonie des sphères*, 2001
Dominique Proust et Jean Schneider, *Où sont les autres ?*, 2007
Daniel Raichvarg et Jean Jacques, *Savants et ignorants**, 1991
Roshdi Rashed (sous la dir. de), *Histoire des sciences arabes* (tomes I, II et III), 1997
Hubert Reeves, *Patience dans l'azur**, 1981
*Poussières d'étoiles**, 1984
*L'Heure de s'enivrer**, 1986
*Malicorne**, 1990
*Compagnons de voyage**, 1992
*Dernières nouvelles du cosmos**, 1994
*Oiseaux, merveilleux oiseaux**, 1998
*L'espace prend la forme de mon regard**, 1999
*Mal de Terre** (avec Frédéric Lenoir), 2003

*Chroniques du ciel et de la vie**, 2005
Chroniques des atomes et des galaxies, 2007
Je n'aurai pas le temps. Mémoires, 2008

Jean-Luc Renck, *L'Écho du quetzal*, 2004

Pascal Richet, *L'Âge du monde*, 1999

Benoît Rittaud, *Le Mythe climatique*, 2010

Michel Rival, *Les Apprentis sorciers*, 1996

Jacques-Michel Robert, *L'Aventure des neurones*, 1994

Colin Ronan, *Histoire mondiale des sciences**, 1988

Philippe Roqueplo, *Penser la technique*, 1983

Steven Rose, *La Mémoire*, 1994

H. Rose, S. Rose *et al.*, *L'Idéologie de/dans la science*, 1977

Henri de Saint-Blanquat, *Mémoires de l'humanité*, 1991

Abdus Salam, W. Heisenberg & P.A.M. Dirac, *La Grande Unification*, 1991

Jean-Michel Salanskis, *Vivre avec les mathématiques*, 2009

Jean-Claude Salomon, *Le Tissu déchiré*, 1991

Thomas Sandoz, *Histoires parallèles de la médecine*, 2005

Evry Schatzman, *Les Enfants d'Uranie*, 1986

Dominique Simonnet, *Vivent les bébés!**, 1986

Alexei Sossinsky, *Núuds*, 1999

Isabelle Stengers *et al.*, *D'une science à l'autre*, 1987

Jacques Testart, *Des hommes probables*, 1999

Pierre Thuillier, *Les Savoirs ventriloques*, 1983

Patrick Tort, *L'Effet Darwin. Sélection naturelle et naissance de la civilisation*, 2008

Jacques Vauclair, *L'Intelligence de l'animal**, 1992

Jean-Pierre Verdet, *Aux origines du monde. Une histoire de la cosmogonie*, 2010

Jacques Véron, *Arithmétique de l'Homme*, 1993
L'Espérance de vivre, 2005

Renaud Vié le Sage, *La Terre en otage*, 1989

Jorge Wagensberg, *L'Âme de la méduse*, 1997

Matt Walker, *Comment chatouiller un chimpanzé et autres curiosités zoologiques*, 2008

Peter Westbroek, *Vive la Terre*, 1998
Terre ! Des menaces globales à l'espoir planétaire, 2009

Edward O. Wilson, *L'Avenir de la vie*, 2003

Nicolas Witkowski, *Une histoire sentimentale des sciences**, 2003
*Trop belles pour le Nobel**, 2005